Alexander Osang
Aufsteiger – Absteiger

Alexander Osang
Aufsteiger – Absteiger

Karrieren in Deutschland

Mit Fotos
von Wulf Olm

Ch. Links Verlag
Berlin

Fotonachweis:
Neben Wulf Olm waren folgende Fotografen an diesem Buch beteiligt:
Gezett (Seite 48)
Günter Krawutschke (Seite 144)
Ute Mahler (Seite 40)
Günter Peters (Seite 32)
Werner Schulz (Seite 108)
Sören Stache (Seite 80)

Die Deutsche Bibliothek – CIP-Einheitsaufnahme

Osang, Alexander:
Aufsteiger - Absteiger : Karrieren in Deutschland / Alexander Osang. -
1. Aufl. - Berlin : Links, 1992
ISBN 3-86153-040-6

1. Auflage, September 1992

Zehdenicker Straße 1, O-1054 Berlin, Telefon: 281 61 71
Gestaltung: TriDesign, Berlin
Satz: Satzstudio Theuberger, Berlin
Druck- und Bindearbeiten: Wagner GmbH, Nördlingen
ISBN: 3-86153-040-6

Inhaltsverzeichnis

Wieso beschäftigen Sie solche Leute?

Ein Vorwort
über die Scharfrichter der Journalisten

Cordt Schnibben, ein ziemlich berühmter Kollege, ruft in einem seiner Beiträge verzweifelt: »Wo kommt eine Zeitung hin, wenn sie auf die Leser hört, die ihr Briefe schreiben!« Die Frage scheint auf den ersten Blick arrogant zu sein. Sie ist es, auch auf den zweiten. Noch vor zwei Jahren hätte ich den Mann für diesen Ausruf verurteilt. Doch inzwischen bin ich mir nicht mehr so sicher. Die Leserbriefschreiber von heute sind längst nicht mehr die, die ich einmal gekannt habe. Etwa in der Zeit, in der die Porträts entstanden, die in diesem Buch stehen, haben sie sich verändert. Entweder sind es andere Leute, die mir heute schreiben, oder es sind dieselben, die nun plötzlich andere Briefe schicken. Wie auch immer. Die Leserbriefschreiber haben vor allem meine Prominentenporträts treu begleitet. Deswegen haben sie sich diesen Platz am Anfang des Buches redlich verdient.

Früher, als meine Zeitung noch eine wesentlich größere Auflage hatte, dafür aber viel dünner war, bekamen wir kaum Leserbriefe. Dabei war die Zeitung schlecht, uninformativ, unlesbar, wutmachend, und die Leute hätten tausend Gründe mehr gehabt, Leserbriefe zu schreiben, als heute. Vielleicht dachten sie, es hat sowieso keinen Zweck. Sie hätten recht gehabt. Daß die Stasi ihre Hände im Spiel hatte, glaube ich nicht. Denn ab und zu lag ja doch einmal ein Brief oder eine Karte auf dem Schreibtisch.

Wahrscheinlich war es 1988, als mir Erna Paslowski* schrieb. Ich hatte einen Beitrag zur Eröffnung des rekonstruierten Heizkraftwerkes Rummelsburg verfaßt, in dem ich behauptete, daß eine neuartige Rauchgas-Reinigungsanlage 99 Prozent des Staubes aus dem Rauch des Werkes filtere und der Berliner Luft vorenthalte. Erstens hatte man mir das so gesagt, und zweitens glaubte ich es. Nun schrieb mir Frau Paslowski, daß sie in umittelbarer Nähe des Werkes wohne, und lud mich auf ihren Balkon ein, um die Wäsche zu inspizieren, die sie nach dem Lesen meines Artikels dort aufgehängt habe. Sie sei schwarz vom Dreck, weil nachts nämlich immer heimlich die Filter abgeschaltet würden. Ich freute mich erst einmal, daß es offenbar normale Leute gab, die die Wirtschaftsseite, die wohl schrecklichste Seite einer schrecklichen Zeitung, überhaupt lasen, und rief dann bei dem Betriebsdirektor an, der mir mitteilte, daß sich die Frau irren müsse. Er jedenfalls wisse nichts davon, daß die Filter nachts abgeschaltet würden, und schließlich sei er der Direktor. Obwohl mir zu diesem Zeitpunkt leise Zweifel kamen (warum sollte mich Frau Paslowski anschwindeln), antwortete ich der Frau mit der Direktorenaussage. Ein gutes Gefühl hatte ich dabei nicht. Ich stellte mir vor, wie Frau Paslowski ihrem Mann den Brief zeigt und ruft: »Nu kiek dir dit an. Eener spinnt hier, und ick bin it nich.«

Um so erstaunter fand ich eine Woche später den zweiten Kartengruß von Erna Paslowki auf meinem Schreibtisch, in dem sie ihre Einladung zur Wäschebeschau wiederholte, aber immerhin mitteilte, daß sie nicht mit einer Antwort gerechnet hätte. Sie bedankte sich. Unglaublich!

Die Wendezeit produzierte weniger wohlmeinende Leserbriefe. Sie weckte den Denunzianten im Schreiber. Säckeweise mutmaßten Bürger über die Quelle des Reichtums ihrer Nachbarn. Wer hohe Hecken vorm Haus hatte, war zwangsläufig bei der Stasi. Ein halbes Jahr lang denunzierte jeder jeden. War die Wortwahl zum Anfang noch zaghaft und beschränkte sich darauf, die Funktion der Verdächtigten durch Anführungszeichen zu entlarven. (Solche »Genossen«, und so was nennt sich »Volksvertreter« ...), kam man im Laufe der Zeit zur Sache. So notierte Uwe Heinrich im März 1991: »Als Geschäftsführer sind in der Regel eingefleischte Stalinisten und Mitglieder der kriminellen SED tätig. Diese Subjekte ...«. Wobei sich der Schreiber der Unterstützung

»mehrerer Bekannter« (»So denke nicht nur ich.«) sicher war. Wer für sich allein schrieb, griff dann sicherheitshalber auch mal zum Pseudonym. Wie »Hans Monitor«, der sich als Intimkenner der Unterhaltungskunst-Szene zu erkennen gab, indem er meinen Beitrag zum Duo Hauff-Henkler um wichtige Details ergänzte. (»Das Paar war mit einem Straßenkreuzer westlichen Fabrikats unterwegs.«)

Die interessantesten Briefe dieser Phase waren jene, die kleine Abenteuergeschichten erzählten. Eines Tages erschien ein etwas abgerissenes Männchen in der Redaktion und gab wortlos einen völlig wirren, jegliche Orthographie- und Grammatikregeln ignorierenden Brief ab, in dem er mitteilte, daß sich jeden Abend mehrere Stasimänner bei ihm einfänden und ihn an elektrische Geräte anschlössen.

Bis zum heutigen Tag schaut in meinem Zimmer gelegentlich ein ehemaliger Westberliner Architekt vorbei, um in umfangreichen Schreib- und Zeichenarbeiten zu belegen, wie er vor einigen Jahren mehrere U-Bahnstationen lang von einem BND-Agenten verfolgt worden sei. Seine Schreiben sind bunt illustriert und ähneln frappierend einem riesigen Mensch-Ärgre-Dich-Nicht-Spiel. Beigefügt sind psychiatrische Gutachten, die beweisen sollen, daß er nicht irre ist. Leider kommt der Mann immer in Augenblicken, wenn etwas zu tun ist. Und er redet ebenso ausdauernd, wie er schreibt.

Es folgte ein kurzes Zwischenspiel der Verwirrung unter den Leserbriefschreibern. Nennen wir es die naive Phase. Sie war vor allem dadurch gekennzeichnet, daß sich zahlreiche Leser darüber beschwerten, daß die Zeitung so dick werde. »Das schaffen wir gar nicht mehr«, beklagte man und »Was sollen die ganzen Anzeigen?« Nun, man hätte antworten können, daß Zeitungen nicht gemacht werden, um dem Leser Freude zu bereiten, sondern vielmehr, um Geld zu verdienen. Das ging nicht, aber es wäre ehrlich gewesen. So aber wartete man geduldig auf das Ende der naiven Phase.

Charakteristisch für diese schöne Zeit war meine Korrespondenz mit Ilse Weber. Eine richtige Korrespondenz war es eigentlich nicht, da Ilse Weber, dem Schriftbild nach eine rüstige Rentnerin, zwar über mich, aber nicht an mich schrieb. Zunächst adressierte sie ihre dicken Briefe an die Leiterin unserer Leserbriefredaktion, von der sie wußte, daß sie immer zurückschreibt. Als dies nicht half, schrieb sie an den Chefredakteur. Ich erhielt jeweils Kopien ihrer Wutausbrüche.

Ilse Weber war die personifizierte naive Phase. Sie nahm jedes Wort für bare Münze. In ihrem ersten Schreiben ging es um Gunther Emmerlich. »Dieser Herr Osang will uns noch das Letzte nehmen, was wir haben«, verteidigte sie die vermeintliche DDR-Errungenschaft Emmerlich. Ilse Weber, gewöhnt an wohlwollende Betrachtungen über den Entertainer, genügten zwei drei spöttische Bemerkungen, um eine Schimpfkanonade anzustimmen, die in der Aufforderung gipfelte: »Lassen Sie den Mann nur noch über Sport schreiben!« Durch die besänftigende Antwort der Leserpostredakteurin angestachelt, verfaßte sie einen zweiten dicken Brief, an dessen Ende sie ihre ursprüngliche Forderung zurücknahm und durch den Befehl: »Schicken Sie ihn ein Jahr zum Arbeiten auf die Insel Hiddensee!« ersetzte. In diesem Schreiben tauchten auch erstmals Beschwerden zu einem Beitrag auf, den ich nie geschrieben hatte. »Wie er unseren Professor Ardenne in den Dreck zieht«, schrieb Frau Weber, »ist gelinde gesagt, eine Schande.« Der Ardenne-Vorwurf (über den Wissenschaftler hatte ich wirklich nie eine Zeile geschrieben) zog sich auch durch die folgenden Schreiben. Das Ende setzte Ilse Weber mit einem resignierenden Brief an den Chefredakteur, in dem sie noch einmal alle Schandtaten auflistete, allerdings auch einen recht versöhnlichen Schluß fand. Sie strich ihren gesamten Strafkatalog und seufzte nur noch: »Wahrscheinlich ist er ja jung und lernt noch dazu.« Ilse Weber hatte aufgegeben, die naive Phase war vorbei.

Die Spreu der Leserbriefschreiber begann sich vom Weizen zu trennen. Es kommen immer noch aufgewühlte Briefe von Menschen, die völlig verunsichert durch diese Zeiten gehen. Doch sie sind nicht mehr naiv. Sie sind bitter-kämpferisch. Wirklich tragische Geschichten sind dort zu lesen. Die Briefe berichten über die tägliche

Korruption, über alte und neue Seilschaften, seelenlose Beamte, hirnlose Vergangenheitsbewältiger, ohne zu denunzieren, sie wundern sich über Journalisten, die gestern noch felsenfest das Gegenteil von dem behaupteten, was sie heute schreiben, sie suchen nach Wärme, nach Verständnis. Es sind Briefe, die beantwortet werden müssen.

Andererseits gibt es den selbstbewußten, aufstrebenden Leserbriefschreiber. Wahrscheinlich trägt er fliederfarbene Knitterjacketts, lila Seidenhemden und buntbedruckte Krawatten mit Nadel. Jedenfalls benutzt er moderne Schreibmaschinen und schreibt grundsätzlich an Chefredakteur oder Herausgeber. Der selbstbewußte Leserbriefschreiber ist kleinlich und verlangt am Ende seiner langen und streng gegliederten Ausführungen den »vollständigen Abdruck«. Er verlangt keine Entschuldigung oder Erklärung, er fragt nicht oder grübelt, er verlangt, »dieses Schreiben ungekürzt und an herausragender Stelle abzudrucken«.

Michael Peters wurde durch meinen Artikel über Manfred Stolpe offenbar mitten ins Herz getroffen. Er gab ein regelrechtes Rundschreiben heraus. Durchschläge an den Herausgeber, den Chefredakteur und den für mich zuständigen Redakteur. Nur mir schrieb er nicht. Sein Schreiben glich einem 13punktigen Forderungskatalaog. Hier nur Auszüge:

»1. Wie kann es sein, daß solche Machwerke Platz in einer Tageszeitung finden, dic sich gern als seriös bezeichnet. (...) 6. Wieso beschäftigen sie solche Leute? (...) 13. Sollte ich noch einmal einen ähnlich gearteten Artikel lesen, sehe ich mich gezwungen, das Abonnement zu kündigen.« Punkt 8 hatte Herr Peters vor lauter Erschütterung völlig vergessen. Aber kommen wir noch einmal zu Punkt 13, die Abo-Kündigung. Der neue selbstbewußte Leserbriefschreiber ist sich durchaus seiner Macht bewußt. Da er weiß, wie die Zeitung mit Reisetaschen-Sets, Kontaktgrills und Espressomaschinen um Abonnenten buhlt, kann er sich denken, welche Katastrophenstimmung seine Drohungen in der Chefredaktion auslösen. Er nutzt seine Macht gnadenlos aus. Dabei bevorzugt er zwei Methoden. Er verbrüdert sich mit der Zeitungsführung gegen den kritisierten Reporter. »Es wäre schade, wenn ich Ihre ansonsten lesbare und informative Zeitung wegen der Pamphlete dieses Mitarbeiters abbestellen müßte.« Ein wütender Landratsbeamter aus Pirna näherte sich dem Herausgeber meiner Zeitung mit der rhetorischen Frage: »Billiger Boulevardklatsch und sensationelles Anschmieren sind doch nicht typisch für die Berliner Zeitung?« Zum Abschied kokettiert diese Spezies mit »noch freundlichen Grüßen«. Die andere, sympathischere Gattung macht kurzen Prozeß. »Dieser Beitrag war ein Grund mehr für mich, Ihre Zeitung nicht mehr zu kaufen«, schreibt ein »Mitarbeiter von Stern Radio«. Herr Weiß teilt mit: »Da mich bei der Lektüre Ihres Blattes zunehmend Ekel überkommt, welcher beim Lesen des im Neubrandenburger Nuttenmilieu aufgemachten Krabbe-Artikels zum Erbrechen führte, sehe ich mich aus hygienischen Gründen zur Kündigung des Abonnements gezwungen.«

Das wäre alles nicht so tragisch, wenn das zwanghaft populistische Leitungspersonal von Zeitungen nicht so empfänglich für Drohungen und Forderungen des selbstbewußten Leserbriefschreibers wäre. Wenn zwei oder gar drei Leserbriefe sich über ein und dieselbe Sache beschweren, hat das für einen Chefredakteur die Aussagekraft einer Infas-Umfrage. Wenn einer der Schreiber auch noch einem Unternehmen vorsteht, das womöglich Anzeigenkunde der Zeitung ist, hat dessen Beschwerde Gesetzescharakter.

Chefredakteure und Leserbriefschreiber mißbrauchen sich aber auch gegenseitig. Selbst ein einziger lapidarer Leserbrief genügt dem Chef, mit den Worten »wie Leser schreiben« Tabus auszusprechen, Mitarbeiter zu kritisieren oder die strategische Linie des Blattes zu ändern. In Notsituationen braucht er dazu nicht einmal diesen einzigen Brief.

Noch halten sich machtbeflissene und verzweifelte Leserbriefschreiber die Waage. Doch das kann jeden Tag kippen. Ich beginne, Schnibben zu verstehen.

Und in schwachen Stunden erinnere ich mich der glücklichen Zeit, als es noch keine Leserbriefschreiber gab. Damals, im sozialistischen Journalismus, gab es allem Anschein zum Trotz allerdings auch schon das Prinzip der Massenverbundenheit. Das forderte mitunter den Abdruck einer Leserfrage. Am beliebtesten waren Leserfragen zur Wirtschaftspolitik. Die Antworten standen in einem Bulletin, das das Presseamt der DDR allwöchentlich herausgab. Unser Chefredakteur kritzelte dann über irgendeinen langweiligen Beitrag des Maschinenbauministers zu den Vorzügen von Zahnflankenschleifmaschinen: »Leserfrage!«, und wir Redakteure hatten uns eine Frage und einen Fragesteller auszudenken. Als Fragesteller tauchten meist Bekannte und Verwandte, mitunter aber auch Leute auf, die Markus Knopf, Michael Jäger oder Robert Zimmermann hießen. Noch besser aber waren die Fragen. Ich war mit der Frage: »Neulich las ich etwas über Braunkohlenstaub. Kann man dieses Abprodukt eigentlich weiterverwenden?« schon ziemlich gut. Ewig unübertroffen aber wird die Idee eines Kollegen bleiben. »Was kann man eigentlich alles aus Kartoffeln machen?«, ließ er fragen. Den Namen des vermeintlichen Lesers habe ich vergessen. Ich glaube, er kam aus 1020 Berlin.

Nein, nein, ich wünsche mir nicht die alten Zeiten zurück. Jedenfalls nicht die Zeitungszeiten. Ich wollte Sie nur warnen, nach der Lektüre dieses Buches zur Feder zu greifen. Ich bin ein geschlagener Mann. Zu vielem von dem, was auf den nächsten Seiten steht, habe ich langwierige und haarige Auseinandersetzungen mit schreibenden Lesern geführt. Mit Leuten, die fanden, daß Karl-Eduard von Schnitzler viel zu gut bei mir wegkommt, und solchen, die anmerkten, ich hätte ihn schlechtgemacht; mit Lindenberg-Fans, die mir vorwarfen, nur neidisch „auf Udo seine Weiber" zu sein. Von den Proteststürmen der Emmerlich-, Krabbe- und Stolpe-Fans haben Sie schon gelesen. Seien Sie also bitte nachsichtig. Zumal in dem Buch auch noch ein paar Porträts stehen, die vor Ihnen noch niemand gelesen hat.

*Alle Namen der Leserbriefschreiber wurden geändert, ihre Texte nicht.

Der böse Fluch der besten Sendezeit

Warum es Gunther Emmerlich leider nicht genügt, ein guter Opernsänger zu sein

»In den neuen Ländern muß mehr in-ost-iert statt investiert werden.«

(Gunther Emmerlich, Samstagabend)

Er hat braune Augen. Weiß der Teufel warum, aber ich hätte schwören können, sie seien blau. So groß wie er ist, so blond, so dick und überhaupt. Sie sind überraschend braun und überraschend unsicher. Fast ängstlich springen sie zwischen dem strubbligen Graubart und dem aschblonden Scheitel, der notdürftig die hohe Stirn bedeckt, umher. Gunther Emmerlich hat Angst. Das schlimme ist, er weiß nicht wovor.

In ein paar Tagen wird an der Dresdner Semperoper Mozarts »Entführung aus dem Serail« Premiere haben. Emmerlich spielt den Osmin. Einen dicken, fiesen Haremswächter, mit ein paar menschlichen Zügen, ganz wenigen. Jahrelang hat er davon geträumt, diesen Baßpart einmal zu singen. Nun ist es soweit, und Emmerlich wird ganz gewiß einen vortrefflichen Osmin abgeben. Einen Macho allererster Güte, mit ein paar mehr menschlichen Zügen ausgestattet, als sich Mozart das seinerzeit gedacht hat. Aber wenn Emmerlich auf der Opernbühne Faxen macht, wird selbst der konservativste Regisseur schwach.

»Am schlimmsten«, sagt Emmerlich zum Maskenbildner, der ihn in Osmin verwandelt, »ist eine Glatze, die aussieht wie 'ne Badekappe.« Der Maskenbildner feixt. Dieser Emmerlich. Herr Emmerlich steckt inzwischen im sackigen Leinenhemd und Pluderhose, sein Jeanshemd hängt über der Stuhllehne, die Hosen liegen zusammengeknuddelt in der Ecke, obenauf eine Socke, blaugrau, seine Augenbrauen sind bereits böse, der Bart schwarz, die Haut braungepudert, an der dämonischen Stirnlocke wird gearbeitet. Die Hände sind noch rosig und liegen artig auf der Frisierkommode. »Gibt es eigentlich«, fragt er das Spiegelbild des Fotografen, »eine anerkannte Berufskrankheit bei Ihnen? Einen steifen Finger oder so?« Er kann es nicht lassen. Er muß jede Bemerkung zu einer Pointe führen oder zu etwas, was er für eine Pointe hält. »Er ist schon eine Blüte, der Herr Emmerlich«, sagt der Pförtner der Semperoper.

Fernsehunterhaltungsmacher finden vieles komisch. Manchmal sogar Komisches. So haben sie eines Tages in grauen Vorwendezeiten den Opernsänger Emmerlich für sich entdeckt. In Gisela Mays Talentesendung »Pfundgrube« bewies er, daß er auch Jazz singen und respektlose, witzige Antworten geben kann. Fertig war der Entertainer. Man wob um den vielseitigen Bassisten ein notdürftiges Konzept, nannte es »Showkolade«, schob es auf die Sonnabendabend-20-Uhr-Schiene und feierte hohe Einschaltquoten, wenn Gunther auf Sendung war.

Seit Wochen proben sie die »Entführung«. Heute zum ersten Mal im Kostüm. Das Bühnenbild erinnert ein wenig an einen Schulhof, der sich in unmittelbarer Nähe eines aktiven Vulkans befindet. Der Regisseur sieht aus wie ein Abiturient, gilt als hoffnungsvoll und etwas konservativ. In Beleuchtungsfragen scheint er geschmäcklerisch zu sein. Am Ende der Probe ist der Chefbeleuchter kein Mensch mehr. Bevor der erste Ton gesungen ist, hantiert er mit zittrigen Fingern eine knappe halbe Stunde an den Knöpfen einer unförmigen Wechselsprechanlage herum, um den Unterbeleuchtern die ausgefallenen Lichtwünsche des Regisseurs durchzustellen. Auch keine leichte Zeit für Gunther Emmerlich. Osmin startet nämlich in einem Boot schlafend ins Singspiel. Das Boot ist klein und unbequem, Emmerlich probt mit ein paar Ooaahs, Uuoohs sowie Muuuaahs, wie tief die Stimme heute morgen ist, und scherzt aus dem Boot mit den Bühnenarbeitern. Er gilt als Ulknudel. Auch bei sich selbst. »Es gibt überall Leute, die die Spaßvögel sind, ob in einer Fußballmannschaft oder im Bergbau. An der Semperoper bin ich's eben.«

Mit einem Knall war er es damals auch im ganzen

Land. Er stand an irgendeinem Sonnabend einfach da. Der Vorhang ging auf, ein dicker, bärtiger Schrank grinste uns an und spielte mit seinen Augenbrauen. Er machte ein knappes Dutzend schöne, kleine, intime Shows, immer in Theatern, und lud gute Gäste dazu ein. Ein Showmaster, der nicht pausenlos rumhampelte, blödsinnige Fragerunden veranstaltete und Preise verteilte, dafür aber geistreich plauderte, ein paar brillante Gospel- und Jazznummern ablieferte und zwei, drei gute Witze erzählte. Man kann sich das kaum vorstellen, aber wir haben uns das angesehen, obwohl keine Ted-Ergebnisse abgefragt wurden. Emmerlich war eine Wohltat.

Der kleine Nachwuchsregisseur Piontek hat »Osmin« Emmerlich ganz schön gescheucht. Er hat ihm vorgemacht, wie ein betrunkener Haremswächter umfällt, gezeigt, wie man die Peitsche zu schwingen hat, wenn man richtig wütend ist. Osmin ist über die Bühne gestampft, hat gewütet, gepeitscht und nebenbei noch diese herrlich satten, tiefen Töne aus seiner Brust geholt. Jetzt sitzt er in der Künstlerkantine, Schweißperlen ziehen helle Bahnen ins braune Gesicht. Überall sitzen Turbanträger mit braungepuderten Gesichtern und verschlingen graue Bockwürste. Gunther Emmerlich hat nur die Pausenbanane auf dem Tisch, die an gute Vorsätze erinnert. Dick genug sein, um als Malteserkreuz-Genießer durchzugehen, dünn genug, um in den Sonnabend-abend-Smoking zu passen. »Natürlich«, gibt Emmerlich zu, »habe ich meinen Beruf nicht gewählt, um weitgehend unbekannt zu bleiben. Ich verstehe Leute nicht, die jahrelang an ihrer Karriere arbeiten, um dann mit dunklen Sonnenbrillen durch die Gegend zu laufen.«

Emmerlich wollte bekannt werden. Er wollte es zu DDR-Zeiten, was seinen Preis hatte. Spätestens nach der ersten »Showkolade«-Sendung kannte er ihn. Ich weiß, wie weit ich gehen kann, ich nehme in Kauf zu opfern, was zu weit geht. Was soll das Kokettieren mit den acht Pointen, die aus der vorproduzierten Sendung geschnitten wurden, wenn danach noch anderthalb Stunden übrigblieben, während denen sich auch die Funktionäre auf die Schenkel hauen konnten. Emmerlich hat sich vor einen Karren spannen lassen. Doch weder er noch die Zuschauer haben etwas gemerkt. Lustige kleine Spitzen zwischen den Zeilen machten ihn zum Oppositionellen unter den Unterhaltungskünstlern. Sie taten keinem weh. Die Leute haben gedacht: »Oi, oi, oi, was der sich traut.« Die Zensoren haben gedacht, »solange er nicht ans Eingemachte geht«. Emmerlich hat das Kunststück fertiggebracht, als unbequem zu gelten, obwohl er es eigentlich gar nicht war. Genau genommen.

Denn natürlich hat er sich mehr getraut als Ponesky, hat den Langmut der Wachsamen strapaziert. Doch die Tragik des blonden Barden ist, daß er die Relativität seiner Bemühungen aus heutiger Sicht nicht anerkennen will. »Ich wollte eigentlich von selber Schluß machen«, bemerkt er trotzig. Er erzählt davon, wie er Helga Hahnemann vor laufenden Kameras versichert habe, sie sei als Schokoladenmädchen nicht die einzige Fehlbesetzung im Lande. Zu einem Zeitpunkt, als auf DDR-Straßen schon Hunderttausende demonstrierten. Warum hat er die Chance, in einer Live-Talkshow mal aus der Zwischenzeile auszubrechen, nicht genutzt? »Weil ich dann verhaftet worden wäre. Ein Märtyrer war ich nie.«

Herbstrevolutionär schon. »Doch, doch. Da muß ich in aller Unbescheidenheit zustimmen.« Emmerlich beruft sich auf die Resolutionen, die er nach den Theatervorstellungen dem Opernpublikum vorgelesen hat. Sie, so meint er, rechtfertigen auch das Foto, das durch die Medienlandschaft gereicht wurde. Es zeigt Gunther Emmerlich mit hochgeschlagenem Mantelkragen in einem Häusereingang, eine Hand schützt behutsam das Licht der Kerze, die die andere Hand hält. Die Augen blicken traurigernst. »Das Foto stimmt schon so«, erklärt er das Motiv. Aber wie kann man denn, meint man es wirklich ernst, mit diesen bitteren Erinnerungen im nachhinein vor der Kamera posieren? »Die Fotografen haben mich überredet«, gibt Emmerlich auf. Doch der kleinen dunkelhaarigen Frau neben ihm fällt noch etwas ein. »Wir wollten damals zeigen, daß das Licht weitergetragen wird, wo so vieles den Bach runterging.« Emmerlich schaut die Frau nachdenklich an und nickt. Müde zwar, aber er nickt.

Immer wenn Osmin das Feld kurzzeitig den Tenören räumen muß, hastet Emmerlich in den Zuschauerraum. Er stürmt in die Mitte der vierzehnten Reihe und läßt sich auf einen der roten Samtsessel fallen. Er verschnauft kurz und beugt sich dann vor in die dreizehnte Reihe. Dort sitzt die dunkelhaarige Frau, seine Frau. Er will hören, wie er war. Sie kann das einschätzen, sie war Schauspielerin. Und sie liebt ihn, und er liebt sie. Sie will ihm sagen, daß er gut war, er will hören, daß er gut war. So ergänzen sie sich. Meistens ist er gut.

Die hübsche blonde Sopranistin, die Osmin so ungern aus dem Serail ziehen ließ, muß ihr Kind aus der Krippe holen. Die Kritik findet ohne sie statt. Der Regisseur muffelt ein bißchen mit zwei wenig bekleideten Haremswächtern, die irgendwie zu spät oder zu früh auf die Bühne sprangen, entläßt den Chor, beschwert sich ein letztes Mal bei den verschwitzten Beleuchtern, dann bittet er die Hauptakteure zur »Kon«. Was immer das ist, Fremde dürfen nicht dabeisein. »Osmin« Emmerlich steht noch ein wenig gedankenverloren am Boot herum. Die Pluderhose ist verrutscht, von der Schärpe ganz zu schweigen, seine Schultern sind schmal unterm Leinenhemd, der Rücken ist gebeugt, die Stirnlocke längst nicht mehr dämonisch. Niemand redet mit ihm, er steht nicht im Rampenlicht, er ist er selbst, endlich. Doch dann ruckt es im Rücken, und das Leinenhemd spannt sich. Er geht ab. Die Glatze sitzt wie eine Badekappe.

»Er kann mehr als ich.« Der Satz steht drei Zigarettenzüge lang im Raum. Anne-Kathrin Kretzschmar erzählt ein wenig über sich, während sich ihr Mann abschminkt. Aber alles, was mit ihr zu tun hat, hat mit dem Mann zu tun, den sie liebt. 1990 hat sie aufgehört, Theater zu spielen, seinetwegen. »Ich habe meinen Applaus gehabt«, ist alles, was sie dazu sagt. Es klingt nicht resignierend, nicht einmal traurig. Sie hat ihre Karriere bewußt und freudvoll der ihres Mannes geopfert. Kritik an ihm trifft sie mitten ins Herz. Sie hat gelitten in den letzten Wochen.

Der Mann, der sich zu uns an den Tisch setzt, ist müde. Müde von der fünfstündigen Probe. Ausgelaugt von der Terminhatz. Angeschlagen von der Kritik. Der

Erfolg hat ihn verwundbar gemacht. Er war der Star der DDR, der Star der Wende und Nachwende, der Beispiel-Ossi, er war »Unser Gunther« der Boulevardpresse, die auch Katrin Krabbe, Thomas Doll und die Handvoll anderer Erfolgs-Ossis ihr eigen nannte. Er konnte nicht nein sagen, und plötzlich drehte sich alles um ihn herum. Wenn man seine Gegner nicht mehr kennt, ist es gefährlich, Witze über sie zu machen. Womöglich sitzen sie ja im Publikum. Dann lacht niemand. Schlecht für den Conferencier.

Eines wußte Emmerlich. Politische Witze wollte er machen, aber keine Kohl-Witze. Schade zwar, aber sein gutes Recht. Blieben SED, PDS und DDR. Er hackte noch auf ihnen rum, als sie eigentlich kaum noch jemanden interessierten, traktierte rote Socken, als ein Land sich geschlossen für die schwarzen entschieden hatte. Das soll komisch sein, fragten sich seine Fans, und lachten lieber über Hape Kerkeling. Schließlich kehrte er dem DFF den Rücken, um eine einigermaßen schwachsinnige Glücksspiralen-Sendung beim ZDF zu übernehmen. Nicht ohne politische Botschaft: »Ich wollte Fernsehen für ganz Deutschland machen. Das ging nicht in Adlershof.« Jetzt macht er dumme Fragerunden, erzählt platte Ulbricht-Witze, plaudert statt mit Joy Flemming nunmehr mit Willy Millowitsch, Nicole und »meinem Freund Peter Alexander«. Dreimal stolperte Emmerlich bislang glücklos durch die glitzernden Kulissen der »großen« Sonnabendabend-Show. Kürzlich sprach ein Westberliner Fernsehkritiker von der »Altlast Emmerlich«.

Sein Gleichmut gegenüber der Presse ist gespielt. »Die schreiben doch sowieso, was sie wollen.« Bestürzt schaut er auf die »Emmerlich-Kolumnen«, die ich ihm über den Kantinentisch schiebe. Ärmelhochkrempel-Anweisungen unter seinem Namenszug. »Nehmen wir die Wahrheit an«, »Wir müssen alte Gewohnheiten ablegen«, heißen sie und enthalten solche Weisheiten: »Das Leben ist generell mit Problemen behaftet. Doch die große Freude am Leben ist auch, diese Probleme zu bewältigen. Ihr Gunther Emmerlich.« Es ist nicht nur dumm und platt, sondern schlägt auch dem Hoffnungslosen voll ins Gesicht. »Eine Frechheit«, stöhnt Emmerlich, »so was habe ich nie geschrieben.« Er ist fassungslos. Neulich habe in der Super!-Zeitung gestanden, erzählt er zum Beweis seiner Unschuld, daß er die Super!-Zeitung gerne lese, obwohl er sie bis dahin gar nicht gekannt habe. Emmerlich steht schon wieder im Geschirr vorm neuen Karren. Diesmal ist er der »Es-wird-schon«-Onkel. Einiges von dem, was in den Kolumnen steht, hat er wohl mal gesagt, er weiß nicht mehr wann und was. Vielleicht hat er ja sogar versprochen, regelmäßig Kolumnen abzuliefern. Nur wann und wem?

Seine ehemaligen Landsleute hören wieder genau hin, was er sagt. Die Zeiten seien so sensibel, klagt er, man könne es nicht jedem recht machen, ergänzt seine Frau. Er bringt ihre Sätze zu Ende und sie seine, mitunter sprechen sie sogar synchron. Selbst die Pointen. Sein Gleichmut mag gespielt sein, seine Naivität nicht. »Dieselben Leute, die mich vor meinen neuen Sendungen hochgelobt haben, schreiben jetzt, nachdem es nicht ganz so gut lief, vielleicht hat er zuviel Vorschußlorbeeren gekriegt«, staunt er und lacht unsicher. »Das ist doch verrückt, nicht?« Er sei den Zeitungsmenschen naiv in die Arme gestolpert, glaubt er.

Wahrscheinlich hat er sich einfach zu weit herausgewagt. Er hat vergessen, daß er Opernsänger ist und kein Politiker. Und er will wieder mal nicht wahrhaben, daß es seinen Preis hat, eine Sonnabendabend-Show-Berühmtheit zu sein. Auch Gottschalk muß den zahlen. Doch der versteht sich wenigstens nicht als Moralapostel oder Politbotschafter.

Seine Frau streicht ihm über den Bart, wo noch ein bißchen schwarze Osmin-Farbe klebt. Es ist alles gesagt. Die Luft aus Emmerlichs Wortblasen ist raus. Er hat sie wieder alle gebracht. Den Brunnenvergifter, die Seilschaften und den Zusammenhang von 40jähriger Arbeitsergebnislosigkeit und jetziger Arbeitslosigkeit. Wir haben nicht gelacht. Emmerlich raucht und wartet darauf, daß ihm irgendein Fernsehboß die Show-Beine weghaut oder daß er morgen in der Zeitung liest, er habe Aids oder eine Stasi-Vergangenheit. Sein geliebtes Haus auf dem »Weißen Hirsch« wird rekonstruiert, sie wohnen im Büro seines schneidigen Managers. Er findet keine Ruhe mehr. Seine Frau schaut ihn bewundernd-verliebt an, er ist ein guter Baß. Vielleicht begreift er ja eines Tages, daß das viel ist.

Der Pförtner der Semperoper meint: »Wenn wir irgendwann mal einen Staatschef brauchen sollten, der Herr Emmerlich wäre einer.« Hoffentlich schlägt ihm das nie jemand vor. Emmerlich könnte bestimmt nicht nein sagen.

Februar 1991

Für viele bin ich nur noch die Xanthippe

Die Revolution hat Bärbel Bohley gefressen, aber noch nicht verdaut

»Da sind das Hingestrecktsein, die kalligraphisch gezeichnete Umrißlinie, die Energie, die aus der Wechselwirkung zwischen gezeichneter Körperlichkeit und dem Untergrund entsteht.«

(Zeitungsrezension einer Bohley-Austellung)

Keine schlechte Zeit für Maler. Es wird Frühling auf dem Prenzlauer Berg. Der kleine viereckige Platz vorm Fenster grünt. Die Kinder, die dort spielen, schreien lauter als noch vor zwei Wochen. Der Kebapverkäufer an der Kaiser's-Halle schwitzt. Die kranken Fassaden der alten Mietskasernen sehen nicht mehr traurig aus, sondern romantisch. Bärbel Bohley hat aufgehört zu heizen. Sie hat im letzten Winter öfter an eine Gasheizung gedacht als in den vorigen. Jetzt ginge es ja schneller, und eine Gasheizung hat Vorteile. Sie hat sich das aus dem Kopf geschlagen. »Ich habe mein ganzes Leben geheizt.«

Frauen wie Bärbel Bohley verbreiten schlechtes Gewissen. Mehr als seinerzeit ein Subbotnikaufruf der HGL (Hausgemeinschafts-Leitung). So sieht das Haus in der Fehrbelliner Straße ein wenig anders aus als die anderen. Nicht ordentlicher, moderner, aber anders. Die Fensterrahmen sind bunt gestrichen, Phantasie-Fahnen baumeln an der bröckelnden Fassade, und auf dem kleinen Hof gibt es einen wunderbaren Garten mit Sitzecke. Keine schlechte Gegend für eine Malerin.

Der Hausflur ist mit Kunstplakaten zugepflastert, und vor den Briefkästen begegnet uns eine junge, langhaarige Frau, die einen Weidenkorb trägt, in dem sie sorgsam gereinigte Käse- und Magarinepackungen so-

wie ein paar ausgewaschene Fläschchen mitführt. Die werden ordentlich in die verschiedenen Container vor der Kaufhalle verteilt. Die junge Frau reibt Bärbel Bohley schwesterlich den Arm, sie lächelt ein mildes Müsli-Lächeln. Die Käsepackungen im Weidenkorb plimpern leise. Frauen wie Bärbel Bohley erziehen ihre Nachbarn zu Gleichgesinnten. Gute Nachbarn für eine Malerin.

Frau Bohley schleift uns so schnell wie möglich durchs Erdgeschoß. Hier ist ihr Atelier, erfahren wir, während wir bereits über eine solide hölzerne Wendeltreppe zum Wohntrakt stapfen. Das Atelier hat niemanden zu interessieren, sagt die Eile. Ein paar Bilderrahmen, sorgsam verstaut, kann man erkennen und ein Kopiergerät. Die Rahmen sind ein wenig angestaubt, der Kopierer ist in Benutzung. Die Malerin malt nicht mehr, sagt das Stillleben.

Die Wendeltreppe endet in einem Loch, das noch vor kurzem gefüllt war. Bärbel Bohleys Sohn hat es in den Fußboden des Obergeschosses gestemmt und die Treppe gezimmert. Er scheint Talent zu haben. Bärbel Bohley war es satt, immer über eine Außentreppe vom unteren Teil ihrer Wohnung, in dem sich auch das Bad befindet, in den oberen zu gelangen. Ob sie darf, hat sie nicht gefragt. Keinen Statiker und auch keinen Beamten. Die hätten womöglich die Hände über dem Kopf zusammengeschlagen. Sie aber wollte das Loch, und sie wollte es schnell.

Bärbel Bohley tut in der Regel das, was sie für nötig hält. Und wenn ihr nun jemand sagte, das Loch muß ordentlich berechnet werden, würde sie wahrscheinlich erwidern: Was wollen sie denn, es hält doch. Vernunft nervt. Wenn der Experte permanent mit dem gesunden Menschenverstand konfrontiert wird, rastet er aus. Besonders wenn der Experte Politiker ist. Das hat Bärbel Bohley zu spüren bekommen. Früher und jetzt. Es kümmert sie nicht. Irgendwann in seinem Leben spürt wohl jeder Mensch, daß das Maß voll ist. Die meisten von uns lassen es einfach überlaufen. Es ist bequemer so. Manche allerdings sagen: Stopp, so geht's nicht weiter. Dann bekommen sie schwer eins auf die Rübe und sagen sich, na gut, dann geht's eben so weiter. Dann gibt's wieder welche, die fühlen sich durch den Schlag auf den Kopf erst recht bestätigt, daß es so nicht weitergehen kann. Schläge machen sie nur entschlossener. Diese Menschen sind selten. Bärbel Bohley gehört dazu.

Sie hat sich entschieden, nicht über das Malen zu sprechen. Tun wir es. Sie wollte Malerin werden. Sie hat im vierten Stock der Kunsthochschule einen lachenden, optimistischen Mann mit Bauhelm porträtiert, der auf einem Motorrad saß, das man zu diesem Zweck nach oben geschleppt hatte. Sie hat das Foyer einer polytechnischen Oberschule lebensbejahend ausgestaltet und Polikliniken bildnerisch verschönert, sie hat einen Förderpreis bekommen und Nachwuchs für die bildende Kunst der DDR herangezogen. Sie war Mitglied der Sektionsleitung des Verbandes Bildender Künstler. Sie hat gemalt. 1982 hat sie dann eine Eingabe zum Wehrdienstgesetz gemacht, nach dem viele Frauen zur Mobilmachung eingezogen werden konnten. Sie flog aus der Sektionsleitung und verlor ihre Förderklasse. Es war der erste richtige Schlag. Bärbel Bohley allerdings war immer noch der Meinung, daß es nicht gut ist, Frauen zum Militär einzuziehen. Sie bemalte Keramiktöpfe statt Leinwände. Dafür konnte sie weiter Eingaben schreiben.

Das Telefon unterbricht rasselnd eine weitere Attacke auf das Thema Malerei. »Ich werd's dann mal danebenlegen«, verspricht Frau Bohley, bevor sie den Anrufer freundlich begrüßt. »Gut«, sagt sie, »Gethsemane. Sonnabend. 20 Uhr«, und legt auf. Dann zu uns: »Da machen wir doch 'ne Veranstaltung, zu der wir den Stolpe eingeladen haben. Der soll endlich mal unsere Fragen beantworten. Bisher hat er noch nicht abgesagt. Hoffen wir das Beste.«

Sie hat uns wieder zur Frau abgedrängt, in der sie sich augenblicklich am besten auskennt. Zur Bürgerrechtlerin Bohley. Noch vor ein paar Wochen hatte sie in einer Talk-Show mit Klaus von Dohnanyi vorliebnehmen müssen. Es ging zwar um Stolpes Verstrickung mit der Stasi, aber Stolpe konnte irgendwie nicht, und da hat man einen der Genossen geladen, die zu allem irgend was sagen können. Eine Traumpaarung. Der coole Hanseate und die aufgebrachte Berlinerin. »Setzen die da jemand aus der dritten Garnitur hin, der von Tuten und Blasen keine Ahnung hat«, schnauft sie noch jetzt. Und denkt wohl ein wenig an die gelassene Nadelstreifen-Rhetorik, die Widersprüchliches so lange einwickelt, bis es zu passen scheint.

Bärbel Bohley ist keine Rednerin. Ihre Emotionen erlauben es ihr nicht, Ordnung in eine Ansprache zu bringen. Sie hat es in ihrer Zeit im Roten Rathaus des öfteren fertiggebracht, sich zu melden, wenn eben ausdiskutiert worden war. Alles war auf den Punkt gebracht, da hetzt Bärbel Bohley ans Mikrofon und hält eine kämpferische Rede, die alle Anwesenden in tiefe Ratlosigkeit versetzt. Was meint die Frau jetzt?

Ihr ist egal, was die anderen denken. Was sie fühlt, muß sie sagen. Menschen, die das nicht so halten, sind ihr fremd. »Mich regen die Leute auf, die zu jedem Thema den richtigen Satz aus der Tasche ziehen. Wie der Weizsäcker oder der Stolpe.« Nun, Stolpes Taschen haben sich diesbezüglich reichlich geleert. Das wird Bärbel Bohley freuen. Er ist ihr aktueller Intimfeind.

Mit ihm läßt es sich vortrefflich weiter am Pinsel vorbeireden. »Die Menschen haben doch überhaupt kein richtiges Interesse daran rauszukriegen, was mit Stolpe war. In Wahrheit wollen sie sein wie er. Aus dem Osten kommen, aber aussehen und reden wie aus dem Westen. Sie wollen gleich werden. Das ist das Schlimme.« Schlimm für sie, die Leute braucht, die man anfassen kann, die das Individuum liebt, den einzelnen, die Massenbewegungen mißtrauisch gegenübersteht. »Ich brauche keinen Patriarchen. Wenn ich das schon höre: ›Meine Brandenburger‹. Das klingt wie ›Unsere Menschen‹. Damit bin ich groß geworden. Ich brauche keine Wir-Menschen.«

Vielleicht gesteht sie in schwachen Stunden ein, sauer zu sein, daß die meisten Menschen den Populisten auf den Leim kriechen. Vor allem »unsere Menschen«, die nicht die Bürgerbewegungen gewählt haben, wie es sich gehört hätte. Doch heute hat sie keine schwache Stunde. Sie hat die Tränen der Wahlnächte vergessen. »Wieso soll ich denn entäuscht sein. Ich versteh' die Leute ja. Die DDR hat ein Volk von Verwirrten hinterlassen. Die wollen an die Hand genommen werden. Die glauben dem, der ihnen das Schönste verspricht.« Da sitzt sie nun, reibt ihre roten Hände aneinander, und ihre Augen sehen verheult aus, obwohl sie es nicht sind. Bärbel Bohleys Problem ist, daß sie eigentlich wieder von vorn anfangen müßte. Wenn sie nur wüßte, wohin es diesmal gehen soll. Die Kraft hätte sie schon. Sie läßt sie erst einmal raus.

Im Rundumschlag. »Wer mit Stolpe nicht fertig wird, sieht auch das Ozonloch nicht.« Sie beklagt Waffenexporte in die Türkei, den Krieg in Jugoslawien, die Zunahme der Ausländerfeindlichkeit. Vorwürfe gegen Alt-Alternative, die sich die Okkupation des Ostens grübelnd aus der Ferne angesehen haben, wechseln sich mit eindringlichen Fragen ab. »Wieso ist es gut, daß man sich ein Stück von Rügen kaufen kann?« Woody Allen würde mitstenografieren. »Es ist doch nicht so, daß es keine Probleme mehr gibt?« Der traurige Blick, die Stimme einer Kindergärtnerin. Dafür hassen sie manche Leute. Ist die denn noch nicht zufrieden. Jetzt reicht's aber. Nun hat sie doch, was sie wollte. Bärbel Bohley ist die meckernde Heulboje. Für den Spießer, der nie den Mut dieser Frau hatte. Soll sie doch endlich wieder malen, das kann sie wohl auch nicht so richtig, freut er sich.

Das Telefon klingelt nicht immer nur, um Rat einzuholen. Ihr Name steht im Telefonbuch. Gute Karten für den anonymen Anrufer. Es trifft sie, wenn die Leute sie beschimpfen. »Solange ich gesagt habe, was sie hören wollten, war ich die Mutter der Revolution. Jetzt bin ich nur noch die Xanthippe.« Das klingt bitter. Die Revolution fraß ihre Mutter. Aber sie hat Frau Bohley noch nicht verdaut. »Deswegen rede ich den Leuten doch nicht nach dem Mund«, pumpt sie sich wieder auf. »Das wär' ja noch schöner.«

Der Widerstand als Badekur. Bärbel Bohley hat ihn wieder. »Ich hab' mich sowieso unwohl gefühlt, als plötzlich Millionen Menschen hinter mir standen«, schüttelt sie einen letzten Rest Verbitterung ab. Vorher und nachher hat sie immer gesagt, was die anderen nicht hören wollten. Sie war für einen besseren Sozialismus, als es noch keinen besseren Sozialismus zu geben hatte. Sie war gegen den Kapitalismus, als es nichts Besseres gab als den Kapitalismus. Ihre Argumente waren immer einleuchtend. Je einleuchtender, desto mehr gab es auf die Mütze. Sie mäkelte an Krenz rum, als der DDR-Bürger erleichtert festgestellt hatte, daß Honecker weg war, sie bemängelte den Fall der Mauer, als die Ost-Berliner Freibier auf'n Ku'damm schütteten, sie war gegen die Währungsunion, die Angliederung, und jetzt schießt sie auf den letzten ostdeutschen Ministerpräsidenten, der uns noch geblieben ist. Sie freut sich nicht, daß sie recht hat. Sie wundert sich. »Ewig haben sie gehört, was mit den Kapitalisten los ist. Und dann glauben sie es nicht.«

Eigentlich wäre es wieder Zeit für ein Bild. Seit '89 hat Bärbel Bohley keinen Pinsel mehr angefaßt. Niemand hat sich zunächst darüber gewundert. Sie war eben Politikerin. Erst später fragte man wieder an. »Die Zeiten sind nicht nach malen, sondern nach reden«, beschied sie. Es gab Galerien, die durchaus an Bildern interessiert gewesen wären. Den Namen Bohley als Zugnummer gewissermaßen. So wie man am Pianospieler Helmut Schmidt interessiert ist, am Büttenredner Nowotny und an Loriots sprechendem Hund. Nur, daß Schmidt kein guter Klavierspieler ist, Nowotny nicht richtig komisch und Loriot's Hund nicht sprechen kann. Das war Bärbel Bohley nun doch zu billig. Wenn, dann wollte sie als Malerin anerkannt werden und nicht als malende Bürgerrechtlerin. Doch nun, da es ruhiger geworden ist, hat sie noch immer keine Muße gefunden. Die Spötter stehen bereit.

Solange wie es geht, umschifft sie das Thema Malerei. Gerade, daß sie eine knappe Antwort gibt, kommt sie gleich wieder zu Stolpe oder den Alt-Linken. Vielleicht sind ihr die Ausreden ausgegangen. Vielleicht glaubt sie wirklich daran, daß die Zeiten eher nach reden, denn nach malen sind. Vielleicht hat sie Angst. Vielleicht langweilt sie auch einfach der Gedanke, ein Bild zu malen, wo es doch noch so viele andere Dinge zu tun gibt in diesem kurzen Leben.

Im letzten Versuch schaffe ich es, sie mit ihren Waffen zu schlagen. Ich nerve sie.

»Ach wissen Sie, so eine richtige Malerin war ich vielleicht gar nie. Jedenfalls nicht so eine, die ohne Farbengeruch nicht leben kann. Ich muß auch nicht morgens unbedingt einen Weißkohlkopf malen, um den Tag zufrieden zu beginnen. Nur für das Malen leben, das kann ich nicht. Dazu passiert einfach zuviel.«

Das Galerieleben habe ihr nie so richtig gefallen. »Da stehst du dann da mit einem Glas in der Hand, lächelst wildfremde Leute an und machst plaplapla.« Das Plaplapla fällt eine Spur zu hart aus, um komisch gemeint zu sein. Ich stelle mir die kleine unauffällige Frau auf einer Galerieeröffnung vor. Die Haare, die aussehen wie selbstgeschnitten, zwischen kunstvollen Mähnen und perlweißen, lachenden Zähnen. Ein Häufchen Unglück in der Szeneschickeria. Die Rezensionen zu ihrer kleinen Ausstellung, die es kurz nach der Wende gab, hätte Bärbel Bohley wahrscheinlich nicht verstanden. Sie würde das auch zugeben. Das unterscheidet sie vom Premierenpublikum. Das macht sie sympathisch. Die meisten Kunstrezensionen kann man nämlich nicht verstehen, wenn man bei gesundem Menschenverstand ist.

Also bleibt sie: Bärbel Bohley, Bürgerrechtlerin und Malerin. Nicht mal das ist korrekt. »Ich habe keine Angst vor einer Mal-Blockierung. Viel schlimmer wäre doch, meine Kreativität wäre weg«, erklärt sie aufgeräumt und spinnt ein wenig. »Vielleicht schreibe ich mal ein ganz dickes Buch über die letzten zehn Jahre«, erklärt Tante Bärbel aus der Kinderkrippe. Ein ganz, ganz dickes Buch mit vielen schönen Seiten drin, oh ja. »Oder ich mach' eine Teestube. Das wollte ich schon immer.« Dann erzählt sie, daß man ja überhaupt keinen Grund haben muß, verzagt zu sein. Es gäbe einen Pfarrer auf Rügen, der gegen die Zersiedlung und Privatisierung der Insel kämpfe. Sie redet von den »vielen kleinen Lädchen«, die in ihrer Gegend aufgemacht hätten und daß sich da viele Leute einen Traum verwirklicht haben und daß das schön ist und Grund zur Freude. Sie berichtet von einer Frau, die sich um die Ecke einen Spielzeugladen eingerichtet hat. »Die sitzt da drin wie eine Prinzessin. Das ist ein Kindheitstraum von ihr gewesen, den sie sich erst jetzt verwirklichen konnte. Verstehen Sie?«

Genau so hat sie ihrem Sohn erklärt, daß es wichtigere Sachen gibt als das Abitur. Er konnte nicht auf die Erweiterte Oberschule, weil sie Bürgerrechtlerin war. Das muß man einem ehrgeizigen Jungen, der Gartenarchitekt werden will, erst einmal klarmachen. Welche Eltern hätten das fertiggebracht. Bärbel Bohley hat nicht nur auf ihre eigene Karriere verzichtet, sondern auch auf die ihres Sohnes. »Da wirst du eben erst mal Gärtner«, hat sie ihm gesagt.

Ein paar Sonnenstrahlen kämpfen sich über die dunklen Gemäuer auf den Hinterhof, wo Frau Bohleys kleiner Garten liegt. Stolz zeigt sie ihn her. Da fällt ihr noch was ein. »Vielleicht eröffne ich ja auch eine Gärtnerei.« Irgend etwas wird sie in jedem Fall tun.

Der Briefkasten quillt fast über. Bärbel Bohley schreibt sich mit vielen Leuten. Mit einem ehemaligen Pankower ABV (Abschnittsbevollmächtigter der Polizei) zum Beispiel, der glaubt, 40 Jahre lang alles falsch gemacht zu haben. Sie versucht beharrlich, ihm das auszureden. »Da gibt's ganz andere.« Von Petra Kelly ist heute ein Brief dabei. »Über die müßten Sie mal was schreiben«, sagt Bärbel Bohley und freut sich. Draußen auf der Straße soll sie mir ein paar der »kleinen Lädchen« zeigen, von denen sie vorhin so schwärmte. »Na, die sind doch alle weg. Wegen der Kaufhalle«, berichtet sie gekränkt. Als hätte sie vor einer halben Stunde nicht das Gegenteil behauptet.

Ab September wird Bärbel Bohleys Sohn Gartenarchitektur studieren. Der Gedanke, daß es die Geschichte mitunter auch mit kleinen Frauen gut meint, stimmt doch einigermaßen versöhnlich. Man muß diese Frauen nicht mögen. Aber es ist gut, daß es sie gibt.

April 1992

Boris und ich

Der lange Weg zur bedingungslosen Anerkennung des Becker-Hechtes

»Natürlich fällt auch auf, daß alle das gleiche Auto fahren.«
(Boris Becker nach einem DDR-Besuch)

Es war ein wunderschöner Sommertag. Klar, leicht und hell wie ein Eagles-Song. Die Sonne hatte um halb zwölf das Fenster des Raumes erreicht, in dem ich lernte, fünf Minuten später kroch sie auf meinen Schreibtisch. Ich sah ihr zu, wie sie ihn Stück für Stück eroberte. Sie tauchte das Wörterbuch in ihr Licht, meine Hefter, meine Hände. Ich wußte, daß sie meinen Lernwillen besiegen würde. Die Tinte floß breiig aus dem Federhalter. Widerwillig und träge formten sich kyrillische Buchstaben auf dem holzhaltigen Papier. Übermorgen sollte ich Russisch-Prüfung haben. Nichts fürchtete ich damals mehr als diese Russisch-Prüfung. Es war die mündliche, was meine Situation nicht verbesserte. Ich haßte Herrn Schmutzler, meinen Russischlehrer, dafür, daß ich hier sitzen mußte, ich haßte ein Volk dafür, daß es nicht ohne sechs Fälle und komplizierteste Konjugationsregeln auszukommen glaubte, ich haßte mich für die Versäumnisse der zurückliegenden zehn Jahre Russischunterricht, ich haßte die Sonne und Wimbledon. Es war der 7. Juli 1985. Ein wichtiger Tag für Boris Becker und mich.

Ich gab auf. Mein kleiner Junost-Schwarzweißfernseher taugte zwar nur bedingt dazu, schnelle Tennisspiele zu verfolgen. Aber daß an diesem schönen Sommernachmittag ein Star geboren wurde, bekam ich wohl mit. Boris Becker machte es mir nicht leicht, gegen ihn zu sein. Das wäre normal gewesen, denn er spielte für die Bundesrepublik, und ich war grundsätzlich immer gegen BRD-Sportler. Mal abgesehen von Ewald Lienen, der ja mit der DKP sympathisierte. Das mag an meiner Erziehung gelegen haben. Vielleicht auch daran, daß man so wenig hatte, worauf man wirklich stolz sein konnte.

Ich habe mir die Kehle heiser geschrien, als Sparwasser die verhaßten deutschen Weltmeister 1974 in Hamburg besiegte, ich konnte vor Wut nicht einschlafen, als Bayern München nacheinander Dynamo Dresden und den 1. FC Magdeburg aus dem Europapokal schmiß, und ich bin heulend vor dem Fernseher meiner Eltern zusammengebrochen, als unsere Handballer in allerletzter Sekunde gegen die BRD-Auswahl eine wichtige Qualifikation verpaßten.

Boris Becker aber spielte gegen Kevin Curren. Kevin Curren war aus Südafrika. Eine verzwickte ideologische Situation. Zumal Boris Becker rothaarig, häßlich, schlaksig, nicht unsympathisch war und schon damals spielte wie ein Gott. Ich war trotzdem für Curren. Weil der Sportreporter sich in Huldigungen für den deutschen Spieler, das deutsche Tennis, den deutschen Sport übergab. Nachdem Becker den ersten Satz gewonnen hatte, war klar, was der begeisterte deutsche Tennisjournalist nach dem Sieg schreien würde. Deshalb war ich für Kevin Curren. Es half nichts.

Becker gewann. Der Sportreporter schrie. Sie schrien alle. Es gab den Becker-Hecht, die Becker-Faust, es gab nach dem Schlierseer nun auch den Leimener. Jeder kannte das verschüchterte Elternpaar, das mit der Pocketkamera auf den Tribünen von Paris, Melbourne und Flushing Meadow hockte, jeder kannte Gützi Bosch, der allen erzählte, daß Pimpern und Pommes nicht gut seien für Tennis, sondern vielmehr Training. Training und nochmals Training. Als klar war, daß man mit Tennis richtig Geld verdienen konnte, schickten nicht mehr nur Zahnärzte ihre Sprößlinge auf den Platz. Boris Becker kannten fast so viele Bundesbürger wie Max Schmeling. Viele also. Man nannte ihn Bum-Bum oder auch nur Bobele. Tennis boomte. Die Übertragungen im deutschen Fernsehen wurden nicht mehr schamhaft nach den Tagesthemen versteckt. Es gab Frühstücks-Tennis, Tennis zum Mittag, zum Kaffee und zum Abendbrot. Der weiße Sport kratzte am Fußballack. Alles nur wegen Boris.

Lediglich die notorischen DDR-Fernsehzuschauer hatten Ruhe. Tennis war eine Sportart der Couponabschneider. Sie sollte es bleiben. Tennis war Zirkus, wie Formel 1 Zirkus war und der Alpine Rennsport. Der Berichterstattung über Beckers Werbe-Kontrakt mit der Deutschen Bank wurde hierzulande weitaus mehr Medieninteresse zuteil als seinen sportlichen Erfolgen. Der ehrenwerte Thomas Emmerich (DDR-Rekord-Tennismeister) bekam für einen Sieg beim Zinnowitzer Turnier immer noch mehr Zeilen als der Gewinner der offenen amerikanischen Meisterschaften. Es wäre falsch zu behaupten, die Rechnung sei nicht aufgegangen.

Ich sah jetzt zwar Tennis. Vor allem aber, um Becker verlieren zu sehen. Ich fieberte mit Schweden, Chile und sogar den USA, das deutsche Team aus dem Daviscup zu werfen. Ich verfolgte mit gewisser Genugtuung Beckers Gestottere und Gestammel bei Fernsehinterviews. Äh, ich meine, äh, nicht, es ist Tennis, nicht? Einfach herrlich, wie er den Vornamen von Max Schmeling vergaß. Ich habe nie geglaubt, daß Becker ein gnadenlos ausgebeuteter Tenniszirkusartist ist. Dazu hat er einfach zuviel Geld verdient. Aber ich hätte mich wirklich empört, wenn diese Profis zur Olympiade zugelassen worden wären. Und ich war überzeugt davon, daß Thomas Emmerich Boris Becker schlagen würde, wenn er gegen ihn spielen sollte. Soweit ging die Rechnung schon auf.

Unsere nächste Begegnung hatten wir in der »Gift«-Abteilung der Leipziger Universitätsbibliothek. Hier lagerten, nur durch Sondergenehmigungen zugänglich, stapelweise Westzeitungen und -zeitschriften. Bei den Recherchen zu Manipulationsmethoden im Kommentar der bürgerlichen Massenpresse fiel mir eine BILD-Zeitung in die Hände. Boris, las ich, sei entjungfert worden. Ich habe vergessen von wem. Ich weiß nur, sie war hübsch (Foto oben). Boris, nahm ich zur Kenntnis, stehe auch im Bett seinen Mann. Zum ersten Mal wurde ich neidisch. Irgendwie hatte ich gehofft, er sei impotent oder wenigstens schwul. Oder die Frauen würden nicht auf ihn stehen, so wie er aussieht. Das hätte mir die Vorstellung von seiner gewaltigen Kohle erträglicher gemacht. Aber, daß sie auch noch hübsch war, diese Frau!

Boris wechselte die Frauen und später auch die Trainer wie die Hemden. Er verlor, fluchte und strafte doch seinen zweiten Vater, Gützi Bosch, Lügen. Er blieb immer dran an den Besten der Welt. Wir verloren uns dann vorübergehend aus den Augen, weil RTL die Tennisrechte gekauft hatte und ich auf meinem kleinen Junost-Kofferfernseher beim besten Willen kein RTL empfangen konnte. Nicht mal SAT 1. Kurz vor der Wende, im September 89, hatten wir dann noch ein kurzes, intensives Treffen. Manfred Hönel, der König der Wortspieler unter den schreibenden DDR-Sportreportern, machte es möglich. Boris hatte der DDR mit seiner Freundin Karen einen Kurzbesuch abgestattet. Hönel wußte davon, woher auch immer, und interviewte Becker für die »Junge Welt«. Natürlich tauchte in der abgedruckten Fragestellung die Formulierung »Tennisprofi-Zirkus« auf, obwohl ich wette, daß sie im Gespräch nie gefallen ist, Becker wurde vorgehalten, in Südafrika gestartet zu sein, es wurde vermutet, daß Tennisprofis wohl ein bißchen viel verdienen, das Thema Nationalismus klang an und natürlich die Frage nach dem Weltfrieden. Boris dazu: »Ich kenne mich nicht aus, was der Herr Bush und der Herr Gorbatschow gerade bereden. Ich kann nur hoffen, daß sie über solche Probleme reden, daß heute noch tagtäglich Menschen umkommen ...« Typisch Boris eben. Aber er sagte auch an anderer Stelle zu seinen Eindrükken von der DDR: »Also es sieht nicht viel anders aus als in Leimen, wo ich herkomme.« Mehr wollte ich nicht. Ein bißchen Anerkennung von einem Weltstar. Ich hatte mich wahnsinnig gefreut, als Bruce Springsteen feststellte, es sei bunter geworden in Ostberlin. Und nun Boris. Mir wurde warm ums Herz. Das alles zählte ein paar Wochen später nicht mehr viel.

Nach der Wende kulminierte unsere Beziehung. Wir trafen uns, und diesmal leibhaftig. Es war in Hamburg, es war Januar 1990, und es war kalt. Becker hatte in der Alsterdorfer Sporthalle ein Benefizspiel gegen Karl-Uwe Steeb gemacht. Er hatte gekämpft und gewonnen. Später traf sich der Clan noch in einer kleinen Hamburger Diskothek zum Abschlaffen. Michael Stich, Steeb, Karen, Becker und ein paar andere wichtige Leute und solche, die glauben, wichtig zu sein. Die DDR-Repräsentanz bestand zum übergroßen Teil aus Rainer Ernst, der damals noch für den BFC Dynamo kickte, und mir. Es war stickig, schick, und auf der Tanzfläche bewegten sich ein paar Schönheiten.

Es ist schon eigenartig mit den Stars. Man denkt todsicher, daß man sie nicht ernst nimmt. Man lacht über blöde Antworten, man fühlt sich überlegen. Man hält nicht viel von Starrummel und Idolen. Und dann steht man ihnen gegenüber und begreift, was ein Star ist. Ich habe daran gedacht, wieviel Geld dieser Bursche hat, wie viele Millionen Menschen ihn kennen. Ich habe an seine Netzvolleys in der Alsterdorfer Sporthalle gedacht. So bekam ich das Frau-im-Spiegel-Syndrom. Trotz seines Erfolges ist er so normal geblieben, er steht hier neben dir wie ein Durchschnittsbürger und dieser ganze Scheiß. Karen lachte etwas zu laut, sie rauchte wie ein Schlot, Boris alberte mit Stich und Steeb und trank literweise Saft. Ich trank Bier. Man muß dazu sagen, daß Bier gratis war. Nicht unwichtig damals, vor der Währungsunion.

Dann wurden Boris und Rainer Ernst zusammengebracht, wahrscheinlich stand das so im Protokoll, und ich stellte mich einfach dazu. Boris erklärte Rainer, daß er gern Fußball spielt, und Rainer erklärte Boris, daß er gern Tennis spielt. Boris faßte zusammen: »Ballgefühl ist eben Ballgefühl, näh.« Ich fragte mit zunächst brüchiger Stimme den Mist, den alle fragen. Und Boris antwortete den Mist, den er immer antwortet. Er habe »schonnn« Angst vor Großdeutschland. Irgendwie und oder so. Ehrfürchtig beobachtete ich, wie seine Zunge pausenlos über die dicken Lippen wälzte. Ich nahm anerkennend seinen dösigen Stallone-Blick zur Kenntnis. Er war wirklich wie im Fernsehen. Ich habe noch in Erinnerung, daß er die ganze Zeit rumhampelte. Er hatte Jogginghosen an. Während wir zusammenstanden, es müssen zehn, zwölf Minuten gewesen sein, reckte er die Arme über dem Kopf, verschwand vorübergehend in der Kniebeuge, bog den Rücken nach hinten durch. Wahrscheinlich wollte er, daß das Gespräch wenigstens zu etwas nutze war. Zum Schluß fragte er noch, wie es denn

Katharina Witt gehe. Rainer Ernst schaute etwas verunsichert. Ich sprang ihm bei: »Gut wahrscheinlich. Ich sehe sie ja jetzt nicht mehr jeden Tag.« Es sollte so was wie ein Scherz sein. Becker guckte mich aus seinen Kuhaugen verständnislos an. Wahrscheinlich hatte er wirklich gedacht, wir paar DDR-Bürger hocken den ganzen Tag zusammen. Ich hätte mich ohrfeigen können, so unterwürfig war ich.

Fünf, sechs Bier später erwachte der Killerinstinkt in mir. Mit einem Becker-Interview würde ich in Ostberlin sicher ganz groß rauskommen. Ich schlenderte also so cool wie irgend möglich an den Becker-Tisch und fragte ihn, wie es mit einem längeren Gespräch stehe. Becker war sehr freundlich, aber hatte mich schon völlig vergessen. Ich sabbelte etwas von wichtigen Korrekturen am Becker-Bild der DDR-Bürger. Becker sagte nur, daß es im Moment echt ungünstig wäre. Aber im Juni beim Turnier am Rothenbaum solle ich ihn noch mal ansprechen. Er würde sich mein Gesicht merken. Es war Januar. Ich vergaß die Geschichte einfach. Draußen war es bitterkalt, und ich investierte zwanzig Mark meines kostbaren Westgeldes in ein Taxi.

Mein Selbstbewußtsein erholte sich ein wenig an den offenen Mündern der staunenden Ostberliner, denen ich meine kleine Hamburger Becker-Story zum besten gab. Ich schmückte sie liebevoll aus. Als ich dann später las, daß es Journalisten gibt, die noch weit unsinnigere Fragen stellten, war ich restlos zufrieden. Der SPIEGEL druckte sichtlich exklusivbeflissen eine Art Tagebuchgeschichte aus Beckers Feder. Hochgradig peinlich. Noch mehr in die Hose ging ein großes zweiteiliges STERN-Interview mit dem Heroen. Der Interviewer philosophierte mit Becker über Sex auf dem Centercourt, sie überlegten gemeinsam, warum Boris die Frauen darum beneidet, Kinder kriegen zu können, und Becker erklärte allen Ernstes, daß er das Wimbledon-Finale von 1985 am liebsten verloren hätte. Es ist beruhigend zu wissen, daß es keine Frage gibt, die ich Becker damals in Hamburg hätte stellen müssen. Ich habe nichts verpaßt.

Unsere Kontakte beschränken sich nun wieder aufs

Fernsehen. Und das ist gut so. Ich sehe ihn jetzt sogar in Farbe. Er ist besser geworden und reifer. Auch ich habe mich verändert. Es wird zwar noch ein wenig dauern, bis ich mich über einen Sieg der deutschen Fußball-Nationalmannschaft freuen kann, aber ich ärgere mich nicht mehr über Becker-Siege. Wir haben es beide geschafft, die Sache etwas unemotionaler zu sehen. Es ist doch nur ein Spiel, nicht wahr, Boris?

Nur zuweilen ertappe ich mich noch bei der schadenfrohen Gewißheit, daß unser Thomas Emmerich den Becker doch geschlagen hätte.

April 1992

Die verlorenen Kinder auf den Straßen von Berlin

Tamara Danz weiß, daß es mehr als Rock 'n' Roll ist, und sie liebt es

»Wir wollen die dose
spray unterm arm
wir wollen den woll
weichen streichelcharme
wir wollen die droge
asiatischen tee
und unterweltpornos
aus übersee

alles wird besser
aber nichts wird gut«
Karma, 1988

Der Regen zaubert. Er verwandelt die alte, schäbige Brauerei in Prenzlauer Berg in einen mystischen, glänzenden Hof. Das abgefahrene Pflaster schimmert im Licht eines Scheinwerfers. Unter Verschlägen lauern die Schnauzen alter Lastkraftwagen. Irgendwo in den dreißiger Jahren in Chicago. Jeden Moment müssen Noodles und Max vorbeischlendern. Mit blassen Blondinen im Arm und abgesägten Grenzercolts unter der Achsel. Es kommt nur ein schmächtiges Mädchen mit angeklatschten Haaren, in einer triefenden, viel zu großen Wildlederjacke und einem Hirschbrüllbeutel über der Schulter, das fragt: »Weißt Du, wo hier irgendwo noch was los ist?«

Eigentlich sollte Tamara hier sein. Doch in dem kleinen Schuppen, an dem »Casino« steht und aus dessen staubigen Fenstern warmes Licht auf den dunklen, glänzenden Hof sickert, lärmt nur eine Kapelle mit verklebten Haaren und Bärten. Drei ältere Herren der britischen Indi-Szene toben vor einem Dutzend bierschlürfender Blumenkinder. Von Tamara keine Spur. Wir hatten uns hier verabredet. Hier, Kulturbrauerei Prenzlauer Berg, neun Uhr.

Die Blumenkinder kennen keine Tamara Danz. Der Tontechniker, Manager, Fahrer der Band, der wahrscheinlich auch noch deren Ersatzschlagzeuger ist, weiß wohl, was Dance ist, Danz kennt er nicht. Tamara hockt derweil in ihrer trockenen Wohnung und schaut auf den Dom. Später erklärt sie telefonisch: »Dit hat doch geregnet wie Sau, Mann. Wir ham' gedacht, da kommt keen Schwein. Bist de dagewesen. Tut mir echt leid, Mensch.«

Es sind keine guten Zeiten für die Rocker aus dem Osten. Keine Plattenfächer mehr in den Warenhäusern. Keine offnen Studiotüren. Keine überlaufenden Klubhauskassen. Nur der Lebensstil ist geblieben. Und der plündert die Konten. Michael Barakowski kellnert in einem Friedrichshainer Café, Jäckie Reznicek baßt bei King Kong, Uwe Hassbecker unterweist Musikschüler. Andere haben Imbißbuden oder Mitfahrzentralen aufgemacht. Die Fans warten. Die Platten von Silly, City, Rockhaus und Pankow haben Sprünge, die Cover sind abgegriffen. Weil es draußen so kalt ist, hören wir die guten alten Platten, singen mit, tanzen, und es wird ein wenig warm in der Stube. Stolz spielen wir Besuchern unsere Songs vor und übersehen die Verständnislosigkeit in ihren Zügen. Wir warten auf die nächsten Platten, indem wir die alten hören. Wir vergessen, daß es unseren Bands genauso geht wie uns.

Im Herbst 89 hatte Silly das Material für eine neue LP zusammen. Ihre letzte, »Februar«, im selben Jahr erschienen, hatte sich wahnsinnig gut verkauft. Die Fans wühlten zwischen den Zeilen, fanden und bekamen erstklassige Rockmusik gratis dazu. »Und über ihr taute das Eis« bläst Liedchen wie »Wind of change« mühelos um. Dann kam die Wende. Silly schmiß das Material für die neue LP in den Müll. Nun mußte nicht mehr zwischen den Zeilen gesungen werden. Von nun an geisterte durch zahlreiche Interviews mit der Sängerin Tamara Danz, daß eine neue Platte der Band demnächst auf den Markt komme. Das ist der Stand.

»Dit stimmt schon«, sagt Tamara Danz und schlürft von ihrem Kaffee. »Wir haben jede Menge neue Songs. Nur eben keine Plattenfirma mehr.« Drei Titel wartete ARIOLA ab, dann schmiß man Tamara Danz und ihre Musikerkollegen mehr oder weniger aus dem schönen Münchner Studio. »Das lief alles hinter unserem Rükken ab«, sagt Tamara Danz. »Die haben immer gelächelt, und als wir dann drei Titel fertigproduziert hatten, haben sie was von Schwierigkeiten erzählt und daß wir vorübergehend nach Hause fahr'n sollen.« Das »vorübergehend« hat sich mittlerweile als endgültig herausgestellt. Wieder in Berlin erfuhren die Musiker, daß man bei ARIOLA vor allem Schwierigkeiten mit den Silly-Texten gehabt hätte. Die würde keiner verstehen, höchstens vielleicht im Osten, aber an diesem Markt sei man vorerst nicht interessiert. Weil man bei ARIOLA aber nicht trotzig ist, sondern konstruktiv, legte man dem Schreiben gleich noch ein paar Vorschläge des hauseigenen Texters bei, von deren Akzeptanz man eine weitere Zusammenarbeit abhängig machte. »Die letzte Scheiße sag' ick dir«, bölkt Tamara. »Keen Wort davon wär' mir über die Lippen gekommen.« Aber weil sie eine Bandsängerin ist und keine Solistin, hat sie erst die Kollegen gefragt. Man war sich einig. »Denn nich.«

Wir gehen zu Bier über, obwohl der Dom draußen vorm Fenster noch gut in der Sonne steht. Hassbecker, der Gitarrist, holt Gläser. Tamara läßt sich ins gestreifte Sofa fallen. »Wir haben dit doch nicht durchgemacht, damit wir uns jetzt ergeben.« Mit »dit« meint sie die Zeiten im Herbst, als in den Konzerten der DDR-Rockgruppen mehr vorgelesen als gesungen wurde. Als in den Redaktionsstuben Kopien der Rockerresolutionen verstohlen herumgereicht wurden. Und die Zeiten davor. »Als wir uns dafür schämen mußten, hiergeblieben zu sein. Dabei hatten wir fürs Hierbleiben doch keine anderen Gründe als die anderen für's Abhauen.« Als sich »stern« und »Welt« noch auf die Oppositionellen-Band stürzte, während einige im Inland ihr vorwarfen, eine etablierte Kapelle zu sein. Tamara redet gern über die Zeit, wobei ihr die Sätze rauh und druckreif aus dem Mund tropfen. Das Lindenberg-Syndrom.

Sie spielt nicht die Art Rocker, die mir bei einer ungeschickten Frage ihren Bourbon ins Gesicht schüttet. Aber sie ist auch nicht der Typ Rocker, den man sich beim Staubsaugen vorstellen kann. Jetzt, in diesen Zeiten, kann ich das. Keine Angst, sie trägt keine Kittelschürze. Ihre Haare sind kunstvoll zerzaust wie eh und je, sie kann sich auch ungeschminkt auf die Bühne trauen, und der ordinäre Zug, der ihre Lippen umspielt, ist nicht etwa einem mütterlichen gewichen. Aber sie hat plötzlich unsere Sorgen. Es geht ihr nicht mehr in erster Linie darum, die Asche für eine Fender umzurubeln, sondern darum, mit diesen verdammten Versicherungen klarzukommen. Sie grault sich vor der hohen Miete, die sie ab Oktober zahlen muß (»800 Dinger, Mann«), und hat Angst, daß ihr Wagen nicht durch den TÜV kommt. Gesprächspartner empfängt sie jetzt lieber erst abends, »weil am Tag die Behördengänge anfallen«. Sie ist wieder angekommen.

Zwar läßt sich aus der Ohnmacht vorm Versicherungsvertreter nicht unbedingt ein guter Liedtext bauen, aber Tamara weiß wohl, daß sie »mit diesem Daudidaudidei-Schlagerscheiß, den die uns unterjubeln wollten«, die Fans hier vergraulen würde. Und um die Fans im Osten geht's ihr. Weil sie im Westen kaum welche haben, und weil sie selbst aus'm Osten sind. »Daß Peter Maffay nicht weiß, wie's in Neuruppin aussieht, is klar, aber unsere Kids erwarten von uns, daß wir das wissen.« Nur eben ran an die Kids müssen sie, bevor sie vergessen sind. Muggen hatten sie schon seit Monaten nicht, das Plattenproblem kennen wir, und mit DT64 droht der letzte Sender wegzusterben, der bereit ist, Silly-Platten aufzulegen.

Die RIAS-Wunschhits-Anrufer wünschen sich höchstens mal »locomotive breath«, wenn sie nostalgisch gestimmt sind. Auch die Zeiten, wo Tamara Danz in Talkshows behaupten kann: »Wir haben nicht so viele Probleme wie andere, weil wir schon immer marktwirtschaftlich gearbeitet haben«, sind mit einer einfachen Nachfrage zu beenden. Inzwischen besteht überdies die Gefahr, daß sie nicht mehr eingeladen wird. Jetzt warten Hermann Kant und Günter Mittag mit ihren Büchern unterm Arm vor der Talkshow-Tür. So schlimm das ist.

Tamara verweist trotzig auf ihre Kulturbrauerei-Pläne. Auf dem Gelände einer ehemaligen Brauerei in Prenzlauer Berg soll alles von vorn anfangen. »Wir werden da eine Platte machen. Kerschowski, Pankow, Rockhaus, Geli Weiz, Gundermann und wir spielen jeweils zwei Titel.« Wann das passieren wird, wie das Label heißt und solche Dinge, weiß sie noch nicht. Nur, daß es vielleicht Schwierigkeiten mit der »Promo« geben wird. »Aber wenn Lutze Kerschowski oder Jürgen Ehle zu den Plattenläden rennen, werden die garantiert nicht so abgewimmelt wie ein x-beliebiger Vertreter.« Das mag schon sein, aber wer ist Lutze Kerschowski gegen Rod Stewart.

Inzwischen ist auch Baßgitarrist Jäcki Reznicek eingetroffen. Wir bleiben beim Bier. Hassbecker bastelt an irgendeinem Bauteil rum. Sie haben sich im geräumigen Wohnzimmer eine Art Studio eingerichtet. An der Wand ist aufgereiht, wofür sich Uwe Hassbecker die letzten zehn Jahre die Finger wundgespielt hatte. Gitarren. Liebevoll hat er sie an die Zimmerwand gelehnt. Seine Kokoschkas und Picassos. Die Mär von den superreichen Rockern zerpflückte die Wende. Das meiste, was sie hatten, tauschten sie zu schwindelerregenden Kursen gegen Westgeld, um Instrumente zu kaufen. Der übergroße Rest floß durch die Kehlen. »Wenn's an den Brotkorb geht«, sagt Tamara leise, »muß man an Kompromisse denken.« Doch nach dem nächsten Schluck Bier hat sie sich wieder im Griff. »Wenn's an die Existenz geht, gibt's immer noch was anderes.«

Wir denken ein wenig an die Zeiten, als Tamara noch in kalten Garagen sang, von der Wut auf die Puhdys getrieben, die längst im geheizten Studio probten. Von ihrer Scheu, im Mittelpunkt zu stehen, die sie mit Rotzigkeit überspielte. Von den schamhaften Versuchen, selber Texte zu schreiben. Von der Freundschaft zum Texter Werner Karma, der ihr Worte schrieb, die Tamaras Stimme berühmt machten. Von dem Augenblick, da sie sich von Karma trennen mußte, »weil seine Dichtkunst eine Qualität erreicht hatte, die man nicht mehr mit Rock 'n' Roll rüberbringen konnte«. Von ihrem Zusammentreffen mit Erich Honecker. »Es ließ sich nie rauskriegen, von wem ich die Einladung gekriegt habe. Jedenfalls stand ich da rum, total aufgemotzt, zwischen Ardenne und einem Popen mit tierisch viel Ketten am Hals, da kommt er auf mich zu. Ich sag', wir machen so Rock 'n' Roll, und wunder' mich, daß der Kerl nicht größer ist als 'n Laubfrosch.« Wir sind uns einig, daß sie den alten Mann in Ruhe lassen sollen. »Neulich«, sagt sie, »stand in irgend so einem Schmuddelblatt, daß olle Erich sich gerne mit schönen Frauen umgab. Darunter ein Foto mit mir von dem Friedensrat-Treffen damals. Any press is good press, Mann.« Sie lacht ihr Danz-Lachen, die Oberlippe weit über die kleinen Zähne gezogen. Laut und ordinär. Richtig gut. Was soll das Gequatsche von morgen. Gestern waren wir gut drauf, also. Reznicek sieht herrlich zerknautscht aus, Hassbecker, der Frauenschwarm, ist ein wirklich netter Kerl mit guten Augen, und Tamara lacht. Wir rauchen, langsam knallt das Bier. Es ist gut so, wie es war.

Eben. Draußen wird es laut. Hassbecker läßt den Schraubenzieher fallen und rennt zum Fenster. »Habt ihr das gesehen?« schreit er. »Die Bullen haben den glatt vom Fahrrad gedroschen.« Unten, auf dem Platz der Akademie, werden ein paar Radfahrer, die gegen die IOC-Tagung demonstrieren, mit Schlagstöcken bearbeitet. Überall Sirenen und rennende Menschen. In Uniform und ohne. Tamara reißt die Fenster auf und brüllt. »Bullenschweine. Was ist das für ein Scheißstaat!« Niemand da unten hört sie. Nur die alten Leute, die über uns aus dem Fenster schauen, nicken anerkennend über soviel Courage ihrer Nachbarin. Sieht zwar ein bißchen verrückt aus, scheint aber auf der richtigen Seite zu stehen. Hassbecker stammelt irgend was von einem Fotoapparat, den man holen müßte, um Beweise zu haben. Sein Blick macht mir Angst. Er ist nicht wütend, sondern erstaunt. Grenzenlos erstaunt. Was zum Teufel hat er denn erwartet? »Bloß gut, daß du nicht mit dem Fahrrad unterwegs bist, Uwe«, sagt Tamara. In diesem Augenblick ist sie nackt.

Sie bleibt es, während die Männer in der Küche sind.

»Manchmal«, erzählt sie stockend, »wach' ich morgens auf und mich kotzt dieses ganze verdammte Leben an. Totale Depressionen, sag' ich dir. Dann setz' ich mich hin und befrage mich.« So lange, bis sie festgestellt hat, daß es ihr gut geht. Auch wir haben den Punkt wieder erreicht. Als wir über Kinder reden, ist sie wieder Rockerin. »Ich bin jetzt mehr denn je froh, keine zu haben. Was soll'n die in dieser Welt. Außerdem könnte ich nicht mehr so riskant leben, wie ich leben will. Das Thema Kinder hat sich für mich erledigt.« Sie ist wieder zu. Es kommen die alten Sprüche zum Alter. »Peter Gabriel fragt doch auch keiner, wie lange er noch machen will. Ich singe so lange, bis mir ein Bein abfällt.« Ein Raucherbein als Ziel. Wirklich cool.

Im Dunkeln wirkt der Dom vorm Fenster erst richtig. Wir hören uns das Demoband der drei Titel an, die sie im Münchner Studio für ARIOLA produziert haben. Hassbecker stülpt mir Kopfhörer über. Sie schau'n mich erwartungsvoll an. Ich habe Angst, daß mir die Lieder nicht gefallen. Ich könnte es ihnen nicht sagen. Aber sie sind gut. Erstklassige Rock-'n'-Roll-Nummern. Lupenreines Hitpotential. Sägende harte Gitarren im Hintergrund und davor eine Danz, die besser ist als je zuvor. Lustvoll, hart, reif. Wirklich gute Musik. Nach dem ersten Titel habe ich keine Angst mehr vor einem Urteil. Silly hat seine Fans nicht verraten. Hoffen wir, daß die Fans es auch erfahren. Bevor die Band auseinanderfällt.

»Wo geist hin, Jäcki?« fragt Tamara, als sich ihr Baßgitarrist verabschiedet. »Ach, heute ist doch Pankow-Treffen«, ruft Reznicek. »Die ganze alte Band. Mit Herzberg und Hille. Wir wollen vielleicht wieder zusammen auftreten.« »Ach ja, ist doch toll«, sagt Tamara Danz. So toll klingt das nicht. Sie wechselt einen kurzen, traurigen Blick mit ihrem Freund Hassbecker. Reznicek, der geniale Basser, könnte der erste sein, der von Bord geht. Wieder ist sie verletzt. In diesen seltenen Momenten glaube ich ihr das Lied »Und über ihr taute das Eis«.

Auf dem Sofa liegen bunte Reiseprospekte. Die griechischen Inseln sind aufgeschlagen. Tamara und Uwe wollen jetzt ein paar Wochen verreisen. In die warmen Länder.

September 1991

Hannelore auf Kaffeefahrt

Die Schwierigkeiten einer Ehefrau, ihr Lächeln zu verkaufen

»Zu uns schallten immer wieder Helmut!-Helmut!-Rufe zum Reichstagsgebäude herauf. Die Rufe kamen – ich spürte es – von Herzen. Es war das Vertrauen für den Politiker und die Sympathie für die Person.«
(Hannelore Kohl erinnert sich an die Einheitsnacht)

Man sagt ja, ältere Ehepaare würden sich ähnlicher mit der Zeit. Das stimmt nicht immer. Nehmen wir die Kohls. Nicht nur, daß er einfach fetter ist. Er grinst auch weniger.

Irgendwann muß es sich festgefressen haben. Eingenistet, festgehakt, zementiert. Hannelore Kohl grinst. Immer. Sie grinst sogar, wenn sie betroffen zu sein hat. An Soldatengräbern etwa. Es ist ein schmunzliges, gleichbleibendes, nicht ungefährliches Lippenspreizen, das sich deutlich vom Lachen unterscheidet. So macht die Gattin, wenn ihr die jahrelange Geliebte ihres Mannes vorgestellt wird. Und sie weiß, daß es die jahrelange Geliebte ihres Mannes ist.

Vielleicht hat Hannelore Kohl nach der hundertfünfzigsten Wohltätigkeitsgala mitbekommen, daß sie dieses Grinsen nicht mehr los wird. Sie hat versucht, ernst zu schauen, und es ging nicht mehr. Der umgekehrte Tim-Taler-Effekt gewissermaßen. Vielleicht guckt man automatisch so, wenn man über einen bestimmten Zeitraum jeden Morgen neben einem Mann aufwacht, der aussieht wie Helmut Kohl und auch so ist. Das wäre die Selbstschutzvariante und damit die verzeihlichste. Vielleicht haben aber auch die Gesichtschirurgen einfach Mist gebaut.

Perleberg ist ein verschlafenes Kreisnest, das früher zum Bezirk Schwerin gehörte und nunmehr im Land

Brandenburg liegt. Den Leuten hier ist egal, wo sie liegen. Heute abend spielt die Gombay Dance Band auf dem Markt. Die kennen sie aus dem Kessel Buntes, das zählt. Es wird also die Sun of Jamaica auf Perleberg strahlen. Gut so, denn es ist kalt an diesem Dezembertag. Die Bürger blasen Atemwolken vor sich her, und die Bauarbeiter, die die Bühne auf dem Marktplatz zusammenzimmern, haben rote Nasen. Tommy Steiner, hört man, soll auch kommen. Es ist der Teufel los in Perleberg. Denn sozusagen im Vorprogramm von Steiner und der Gombay Dance Band tritt ein weiterer Top-Gast in der Kreisstadt auf. Der kommt mit kleiner Polizei-Eskorte und trägt ein verschossenes blaues Kostüm. Es ist die Frau des Bundeskanzlers.

Man kann den Einfluß von Politikergattinnen nicht hoch genug einschätzen. Es kann ja sein, daß Frau Kohl, kurz bevor ihr Mann das Nachttischlämpchen ausknipst, noch fallenläßt: Also dieser Staatssekretär, Helmut, der war ja wirklich unter aller Sau. Kohl, schon beim Einduseln, fragt schläfrig zurück: Welcher denn, Hannelore? Dann hört er den Namen, und man weiß ja aus der Schulzeit, daß man Sachen, die man kurz vorm Einschlafen lernt, besonders gut behält. Positiv wie negativ.

Also ist der Stuhltanz, der im Perleberger Rathaus beginnt, durchaus verständlich. Eine ältere, aufgeputzte Dame der Tengelmann-Gruppe balgt mit einem Perleberger Kommunalpolitiker um einen Platz in Hannelore Kohls Nähe. Der Perleberger gewinnt. »Sie Flegel«, beißt die Dame und zieht in den Hintergrund. Man hat sich für das Hochzeitszimmer entschieden, weil es das feierlichste im Rathaus ist. Ganz vorne, wo sonst die Paare Platz nehmen, sitzen Hannelore Kohl und Staatssekretär Wimmer aus dem Verteidigungsministerium, davor, wo sonst immer die Standesbeamtin steht, hält Bürgermeisterin Dr. Fischer die Begrüßungsansprache. Es sieht wirklich so aus, als würden Wimmer und Frau Kohl heiraten. Alle wirken irgendwie glücklich und zufrieden. Frau Dr. Fischer hat so einen rührseligen Zug um die Lippen. Nun ja, es ist fast Weihnachten, und der Kanzler ist in Maastricht.

»Es ist für Perleberg schon eine Ehre, Sie begrüßen zu können«, redet sich die Bürgermeisterin um Kopf und Kragen. Was, zum Teufel, meint sie mit »schon«. Aber Frau Kohl hat nichts bemerkt. Dennoch flicht Frau Dr. Fischer fast entschuldigend in ihre Rede ein, daß sie ja eigentlich Gynäkologin und nicht Politikerin sei. Na dann. Frau Kohl nutzt in ihrer anschließenden Redezeit diesen Umstand für eine kleine Improvisation. »Gynäkologin sind Sie also. Das scheint mir ein gutes Omen zu sein. Wenn Sie Hand anlegen bei der Geburt eines Menschen, können Sie auch Hand anlegen bei der Geburt einer neuen Stadt.« Frau Dr. Fischer lächelt glücklich. Sie denkt nicht über den Unsinn der Worte nach, sie ist angesprochen worden. Von der Frau Bundeskanzler. Ein Umstand, von dem sie zehren wird, wenn sie der doch recht stattlichen nordbrandenburgischen Kreisstadt zur Geburt verhilft. »Wie die Frau Bundeskanzler Hannelore Kohl anläßlich ihres Besuches unserer Heimatstadt bemerkte ...«, wird sie sagen, wenn sie den Grundstein zum nächsten Einkaufszentrum legt.

Hannelore Kohl kommt nie allein. Sie zieht immer einen großen Schatten hinter sich her. Es ist der Schatten eines übergewichtigen Mannes, mit schiefgelegtem Kopf. Wenn der Schatten reden könnte, würde man bemerken, daß er einen Sprachfehler hat. Er tritt auch im prächtigen Hochzeitszimmer des Perleberger Rathauses wie das schlechte Gewissen der Lenor-Frau neben Hannelore Kohl und läßt sie sprechen: »Ich soll ihnen viele Grüße von meinem Mann ausrichten. Er ist zur Zeit in Maastricht. Er kommt ja immer wieder hierher in die neuen Länder, um nachzuschauen, wie der Aufbau vorangeht.« Ich gehe jede Wette ein, daß Helmut Kohl nicht einmal weiß, daß es Perleberg gibt. Geschweige denn Grüße ausgerichtet hat.

Wimmer muß leider ein bißchen auf die Tube drücken. Der geschmeidige Staatssekretär kennt das Besuchsprogramm des Ehrengastes und fürchtet, daß die Zeit knapp wird. Der Programmpunkt »Rundgang durch den historischen Stadtkern von Perleberg« wird auf »einmal um die Kirche hetzen« zusammengestrichen. Zeit für ein bißchen Publicity bleibt aber. Frau Kohl greift einen neugierigen Jungen, um ihm eine Autogrammpostkarte aufzuschwatzen. Das muß man sich mal vorstellen: eine Autogrammpostkarte mit Hannelore Kohl! Nun gut. Wie Kinder so sind, wenn einer hat, wollen die anderen auch. Eben das weiß auch Hannelore Kohl. Ein kurzer Wink zu Frau Moos, einer langaufgeschossenen Dame mit Haaren auf den Zähnen. Frau Moos zieht wie ein Magier eine Karte nach der anderen aus dem Ärmel. Es ist genug für alle da. Man muß sich schließlich um den Wählernachwuchs kümmern. Ein nette Tante, werden die Kinder sagen, wenn sie am Abendbrottisch sitzen. Eine nette Tante von der CDU.

»Ist das jetzt gotisch?«, fragt Hannelore Kohl, nachdem im Innern der St.-Jacob-Kirche ein wenig betretenes Schweigen aufgezogen war. Eine mutige Frage. Frau Dr. Fischer weiß auch nicht, Frau Moos tut, als habe sie nichts gehört, und Wimmer ist aus dem Verteidigungsministerium. Oh, oh. »Frau Schiltinski«, fleht Dr. Fischer, »die muß es wissen. Die ist ein wandelndes Lexikon.« Es dauert ein wenig, bis man das wandelnde Lexikon durch die drängelnden Journalisten rangeschafft hat. »Ja. Das ist gotischer Baustil, der ...« »Hab ich doch recht gehabt«, unterbricht Frau Bundeskanzler. »Sehen sie.« Wäre die Kirche romanisch, hätte Frau Kohl wahrscheinlich bemerkt: »sieht aber irgendwie gotisch aus«. Und niemand hätte widersprochen.

Wenn man lange genug zugesehen hat, wie die Leute dem Ehemann die Schuhe lecken, möchte man als Frau auch schon ein bißchen geachtet werden. Zumal man weiß, daß gar nicht soviel dran ist am Gatten. Frau Kohl ist sich ihrer Macht sehr wohl bewußt. Sie weiß, daß sie zeitgleich mit der ihres Mannes erlischt. Also kostet sie sie ein bißchen aus. Sie tarnt sie im Hausfrauenlook. Sie trägt unmögliche Kostüme, grauenvolle, halbhohe Stiefel, hängt sich ein affiges Diskotäschchen übers Schulterpolster und versucht, uns durch eine Art Zuckerwattenfrisur weiszumachen, daß sie harmlos ist. Und dann beauftragt sie in Mafiamanier einen armseligen Referenten, herauszubekommen, wer denn der Mann mit der grünen Brille ist, der so eifrig mitschreibt. Wer eifrig mitschreibt, will nichts Gutes. Das weiß sie vom

Duce. Ein verschüchterter, gebeugter Mann erscheint bei mir und erkundigt sich, von welcher Zeitung ich bin. Er kann einem leid tun.

Doch eigentlich ist Frau Kohl wegen der Völkerverständigung in Perleberg. Seit ihr Mann seinerzeit mit dem Goebbels-Vergleich so in die Scheiße trat, haben es die Kohls mit den Russen. Hannelore absolvierte seinerzeit das Damenprogramm mit Raissa, und heute hätschelt sie Garnisionskinder. In Perleberg waren große Teile der Sowjetarmee stationiert, ein Rest ist noch da, und die Kinder der Sowjetsoldaten wollen an diesem Dezembernachmittag mit den deutschen Kindern Weihnachten feiern. Oder besser sollen. Sie sehen sich ja sonst nicht. Ich will nicht behaupten, daß sie nur wegen Frau Kohl zusammengekommen sind. Aber die Dekorateure, die die Bühne im Speisesaal der Bundeswehrkaserne weihnachtlich einfärbten, haben schon Zugeständnisse an den Oggersheimer Damenbesuch gemacht. Das schon.

Die Lichterketten, die sich um zwei gigantische Tannen winden, tanzen Samba. Wie angestochen flimmern die Leuchtbänder und geben dem Ganzen einen Tick von Weihnachten in Las Vegas. Happy Christmas. Die Kapelle spielt »Morgen kommt der Weihnachtsmann«, und am Bühnenrand parken etwa 200 Plastiksäckchen mit Kaiser's Kaffeekannen drauf. Die Tengelmann-Gruppe (zu der Kaiser's gehört) sponsort den weihnachtlichen Nachmittag. Unten im riesigen Saal sitzen etwa 400 Kinder (eine Hälfte Russen, eine Hälfte Deutsche) und warten darauf, ihren Plastikbeutel ausgehändigt zu bekommen. Doch das dauert noch ein wenig. Schließlich geht es bei der Veranstaltung nicht um die Kinder. Jedenfalls nicht in erster Linie. Man hat ihnen Bunte Teller hingestellt, und die Soldaten im weißen Kittel schenken unentwegt Kakao nach. Damit die Erwachsenen in Ruhe ihr Ding machen können.

Hannelore Kohl ist vorübergehend untergegangen. Im Menschenknäuel aus sowjetischen Offiziersgattinnen, Perleberger Kommunalpolitikern, Blasmusikern, Staatssekretären, Bundeswehrunteroffizieren und Vorzeigekindern mit Weihnachtsgedichtrepertoire ist sie nur noch als kleiner blauer Punkt mit blond obendrauf und halbhoch schwarz untendran auszumachen. Doch die Rede kommt gesetzmäßig wieder auf sie. Das weiß Hannelore Kohl. Das macht sie ruhig.

Frau Dr. Fischer bedankt sich wieder überschwenglich bei allen möglichen Leuten, vor allem natürlich bei der Frau Bundeskanzler und der Tengelmann-Gruppe. Ein Dolmetscher übersetzt für die desinteressierten Kinder. Channelorre Gol, sagt er, Channelorre. Die Vertreterin der Tengelmann-Gruppe, Frau Baumeister, preist ihr Unternehmen an. Sie versucht, einen Teil ihres Vortrages in Stümmel-Russisch zu absolvieren. Auch das findet bei den Kindern wenig Resonanz. Sie verstehen die Frau ja sowieso nicht. Die deutschen Kinder nicht, weil sie kein Russisch verstehen, die russischen Kinder nicht, weil Frau Baumeister kein Russisch spricht. Sie wollen ihre Tüten haben. Doch vorher kommt noch die Tante im blauen Kleid dran.

Natascha kennt sie nicht. Das Mädchen hat die braunen, dicken Haare mit einer prächtigen weißen Schleife über dem Kopf zusammengebunden und einen klasse Kakaomund. Auch Artjon kennt keine Hannelore Kohl, und Mischa schüttelt ebenfalls ängstlich den Kopf. Woher auch. Sie haben genug damit zu tun, sich die ständig wechselnden Namen ihrer Staatsoberhäupter einzuprägen. Von den Ehefrauen ganz zu schweigen. Da sind die Perleberger Jungs aus anderem Holz geschnitzt.

Benjamin, 10, aus der 2. Grundschule Perleberg, hat eine Autogrammpostkarte ergattert. »Die hänge ich an meine Schranktür«, erklärt er stolz. Da hänge schon Roxette und auch David Hasselhoff. Frau Kohl ist also in guter Gesellschaft. Auch David und Juliane, beide neun, finden Frau Kohl »gar nicht so doof«. Warum, können sie nicht sagen. Aber dem aufgeweckten Benjamin fällt ein Grund ein. »Na, weil sie dem Helmut Kohl seine Frau ist.« Der Argumentation zufolge hätte auch Margot Honecker einen Platz neben David Hasselhoff verdient. Die war immerhin dem Erich Honecker seine Frau. Aber die würde Benjamin nie und nimmer in seinen Spind pinnen. Er ist da nicht viel anders als sein Vater.

Auch die Lehrerin der Perleberger Schüler hat keine grundlegenden Probleme mit Hannelore Kohl. Denn: »Die Wende ist ja eine Sache, die wir eigentlich wollten.« Brigitte Dreifke unterrichtet schon seit 22 Jahren an der Schule und hat nach eigenen Angaben schon immer so unterrichtet, »daß die Kinder mit dem Namen Kohl mehr anfangen konnten als mit dem Namen Honecker«. Da kann einem nachträglich noch ein kalter Schauer über den Rücken laufen. Wenn das jemand rausbekommen hätte! Zur Charakterisierung von Hannelore Kohl fällt der Lehrerin allerdings auch nicht sehr viel ein. »Sie ist die Frau des Bundeskanzlers, die man aus Funk und Fernsehen kennt.« Nun, das trifft auch auf Klementine (Ariel in den Hauptwaschgang) oder auf Mauz und Hoppel zu.

Dann, kurz vor der Bescherung, greift die Frau, die man aus Funk und Fernsehen kennt, noch einmal zum Mikrophon. Ein Großteil der Kinder hält sich auf den Toiletten auf, die anderen quasseln, schmatzen, klappern mit den Kakaobechern und spielen zwischen den langen Tafeln Einkriege. Frau Kohl ist gewohnt, daß es leise wird, wenn sie spricht. Die Situation verwirrt sie etwas. Was folgende Formulierung auslöst: »Wir wollen doch ein bißchen ruhig sein. Dann geht die Zeit schneller vorbei.« Sie selbst hält sich wenig an diese Empfehlung. Ausschweifend erzählt sie den ungeduldigen Kindern davon, daß Weihnachten ein Fest der Liebe ist, sie erinnert an Regionen der Welt, wo man nicht so schön feiern kann, sie erzählt, daß sie bei einem kurzen Rundgang die Schönheit Perlebergs kennengelernt habe, sie dankt Frau Dr. Fischer, Staatssekretär Wimmer, dessen Brust augenblicklich zu schwellen beginnt, der Firma Tengelmann und dem Luftwaffen-Musikkorps. Als der dicke Schatten neben sie tritt, ist die Konzentration der Kinder restlos hinüber. »Fast auf den Tag genau zwei Jahre ist es her, daß mein Mann, der Bundeskanzler, vor der Dresdner Frauenkirche zum ersten Mal zu DDR-Bürgern sprach.« Weitere Kinder fliehen auf die Toiletten. »Laßt mich auch daran erinnern, daß wir heute nur zusammen sein können, weil unser Vaterland vereint ist.« In einer der hinteren Reihen ist soeben eine blecherne Kakao-Kanne scheppernd vom Tisch gepurzelt. Ein Mädchen weint. »Ich wünsche, daß man auch später sagen wird: Deutschland ist ein liebenswertes Land.«

Als die Erwachsenen zu klatschen beginnen, ahnen einige Kinder, daß es gleich vorbei ist. Manche gucken jetzt hoch zu der Tante in der blauen Jacke, mit dem komischen, zusammengedrückten Gesicht. Frau Kohl läßt es genug sein. Nicht, ohne allerdings die Rute zu zücken. »Vorhin hat hier ein deutsches Mädchen ein schönes russisches Gedicht aufgesagt. Ich möchte im nächsten Jahr hören, daß die russischen Kinder auch so gut deutsch sprechen.« Die kommunalen Beamten wiehern schleimig. Doch ehe der Dolmetscher die Drohung übersetzen kann, hebt das Luftwaffen-Musik-Korps an. »Alle Jahre wieder.«

Die Ordonnanzen stürzen sich auf die Bühne, von hinten werden ein Weihnachtsmann und ein Väterchen Frost zu den Plastiksäcken geführt. Die Lichterketten hetzen um die Tannen, die Kinder werden aufgefordert, zur Bescherung anzutreten. Hannelore Kohl läßt sich zwischen Weihnachtsmann und Väterchen Frost fotografieren, die ersten Kinder packen ihre Plastiktüten aus. Milky Way und Donald-Duck-Figuren. Wer seine Tüte hat, verläßt fluchtartig die Stätte der Langeweile. Eine aufgeregte junge Frau hastet mit einer Videokamera vor der Bühne auf und ab. Wahrscheinlich nimmt ihr Sohn demnächst eine Tüte von Frau Kohl in Empfang. Da muß sie schnell sein, denn das dauert nur Sekunden. Die Ordonnanzen schleppen immer mehr Kaiser's-Beutel herbei, Frau Kohl überreicht, die beiden maskierten Männer schütteln kurz die Hände. Der nächste bitte. Das Korps intoniert: »Morgen Kinder wird's was geben«. Aus einem anderen Eingang werden Tabletts mit Melitta-Kaffee-Paketen hereingetragen. Für die Eltern. Vom Westbesuch. Man weiß ja nicht so richtig, womit man denen noch eine Freude machen soll.

Als sie die Hälfte der Kinder abgearbeitet hat, gibt Hannelore Kohl auf. Sie hat noch ein Essen mit der Regimentsführung durchzustehen. Fast unbeachtet geht sie die Treppe hinunter, gefolgt vom Rattenschwanz. Die Kinder tauschen ihre Donald-Puppen, die Mütter verstauen den Kaffee, die Journalisten naschen verstohlen von den Bunte-Teller-Resten. Die Kapelle bläst »Stille Nacht«. Bei »himmlische Ruh-hu ...« verläßt Hannelore Kohl den Saal.

Als sie an mir vorbeigeht, sieht es aus, als grinse sie nicht. Aber so im nachhinein scheint mir das absurd. Wir waren alle ein bißchen fertig.

Dezember 1991

»Manche nennen uns auch Hofnarren, mein Gott«

Wie die Volksmusikanten Monika Hauff und Klaus-Dieter Henkler so über die Zeiten gekommen sind

»Unser Leben ist ein Auf und Ab. Mach Dir einen schönen Tag. Du mußt ab und zu spazierengeh'n, die Natur ist wunderschön.«

(Original Donau-Schwaben-Musikanten)

Tja, die Heimat. Schwierig, schwierig. Ist sie jetzt größer geworden? Wie steht's um unser Verhältnis zum Vaterland? Herzlich? Oder sind jetzt 16 Millionen heimatlos, weil »Unsere Heimat DDR« letzthin verlorenging? Quälende Fragen. Es gibt Antworten. Zum Beispiel die, daß unsere Heimat der Hang ist. Der Hang, an dem das kleine Häuschen steht. Wo früh immer der Nebel über die Felder wabert. Das nutzt zwar nichts, wenn der Fahrstuhl kaputt ist. Aber wenn es einem inbrünstig genug mitgeteilt wird, zieht sogar im zehnten Stock so ein bißchen Hangatmosphäre ein. Heimatliche Hangatmosphäre.

Es ist grau und eklig, richtiges Kuschelwetter. Der Nieselregen zerrt an den Roland-Kaiser-Plakaten vorm Hotel »Lausitz«. Doch in der Stadthalle schräg gegenüber ist malerischer Spreewald. Ziemlich wahrscheinlich sind die Ostereier, die an den frühlingsgrünen Bäumchen baumeln, von sorbischen Volkskünstlern bemalt worden. Außerdem flattern bunte Bändchen an den Bäumchen. Holzstapel wurden aufgeschichtet und kleine Blockhütten gezimmert, es gibt Torbögen, Spreewaldgurkenfässer, einen kleinen Kanal mit richtigem Wasser drin, eine Spreewaldbrücke, einen Steg und einen Kahn, versteht sich, und derbe Holzbänke zum Verschnaufen. Zur Live-Sendung wird die Kulisse noch ein bißchen mit richtigen Schweinen und Hunden belebt.

Jetzt zur Probe müssen vorerst die Unterhaltungskünstler als bewegendes Element genügen.

»Kamera 1 hat Beifall«, schreit der Regisseur. »Die 2 hat Klaus-Dieter, wenn er aus der Hütte kommt.« Die 2 bekommt einen lächelnden Klaus-Dieter. Er schreitet zur Position 26 seiner Fernsehshow »Musikanten sind da« aus der Blockhütte. Und Position 26 verlangt Lächeln. Die anderen Positionen auch. »Wir hören jetzt drei der populärsten Jodlerinnen«, behauptet Klaus-Dieter Henkler und hat Schwierigkeiten, die Namen der populären Jodlerinnen vom Manuskript abzulesen. »Sie haben alle ein Ständchen mitgebracht.«

Während das Jodeltrio die etwas gewagte Behauptung »Jodeln ist der schönste Zeitvertreib der Welt« zelebriert, klärt mich Moderator Henkler hinter vorgehaltener Hand auf. »Es ist ja nicht so, daß wir uns überhaupt nicht mit den Künstlern identifizieren. Das hören die Leute auch nicht so gern. Und einige Künstler gefallen uns durchaus. Aber Jodeln, wissen Sie, muß es nun nicht unbedingt sein.«

Mit dem, was die Leute gern hören, und dem, was sie nicht so gern hören, hat sich das berühmteste Gesangsduo der DDR immer schon ziemlich intensiv beschäftigt. »Wir sind textlich immer an aktuellen Problemen dran«, lobt sich Monika Hauff. »So ist der Titel ›Heimat‹ (in dem das kleine Häuschen am Hang eine wichtige Rolle spielt - d. A.) entstanden. Und auch: ›Es blühen wieder Rosen in Berlin‹.« Als noch keine Rosen in Berlin blühten, bestanden die aktuellen Probleme, an denen das Duo dran war, beispielsweise darin, ein würdiges Lied zum 750jährigen Bestehen der Stadt zu komponieren. Ein schönes, fröhliches Lied, ein Beitrag zum Fest. Ohne Schmuddelecken.

Vor dem kleinen Steg am Spreewaldkanal ist die Hölle los. Die Original-Donau-Schwaben sind eingetroffen. Und die sind vielköpfig. Da reichen Kamera 1 und 2 nicht aus. Die Hörner und die Tuba filmt die 1, die Trompeten fängt die 2 ein, die beiden Gesangssolisten lichtet die 3 ab, und Klaus-Dieter schließlich moderiert vor der 5. »Wir hören jetzt eine weit über die Ländergrenzen bekannte Truppe aus Ulm ...«, strahlt Klaus-Dieter Henkler, als ihn die Donau-Schwaben beleidigt unterbrechen: »Wir kommen aus Gingen an der Brenz.« Oh, Oh. »Tut mir leid, Jungs. Hat mir der Redakteur was Falsches aufgeschrieben«, zieht sich der Moderator lächelnd aus der Affäre. Später meint er zu mir: »Also wirklich. Gingen an der Brenz. Keine Sau außer denen weiß doch, wo das liegt.«

Tatsächlich waren es die beiden in ihrer gut zwanzigjährigen Karriere gewohnt, eher in etwas großzügigeren geographischen Dimensionen zu denken. »Diplomaten mit der Gitarre« nannten sie sich selbst recht gern, um ihre für DDR-Verhältnisse vergleichsweise intensive Reisetätigkeit zu erklären.

Damit sich auch die reisegehinderten DDR-Bürger vorstellen konnten, was in Südamerika, Westeuropa, Asien und Afrika kulturell so abläuft, brachten die Diplomaten von ihren Reisen jede Menge folkloristisches Liedgut mit. »Cucurucucu«, »La bamba« und so was. Gewissermaßen im Gegenzug traten sie »immer und überall als DDR-Bürger auf« und sorgten mit dafür, »daß unsere Republik weltweit geachtet ist«. Eine Tatsache, die ihnen heute mittelschwer am Bein hängt. Aber sie wären nicht das Erfolgsduo Hauff & Henkler, wenn sie deswegen die Flinte ins Korn werfen würden. »Ich sage immer, Qualität setzt sich durch«, frohlockt Monika Hauff, »auch wenn wir mit dem Makel behaftet sind, daß wir aus der DDR kommen.« Und ihr Partner assistiert: »Wir gehen zur Tagesordnung über. Das haben wir immer gemacht.«

Irgendein anderes Volkskunstensemble hilft seinem Drummer, das Schlagwerk nach Regieanweisung dekorativ vorm Spreewald-Heuhaufen anzuordnen. Frau Hauff lacht nervös. Die nächste Moderation ist ihre. »Wer sind die denn nun wieder? Da wirst Du echt verrückt. Lauter Truppen, eine größer als die andere. Manchmal stehen da 150 Mann auf der Bühne. Wahnsinn.« Die Umbaupause erlöst sie vorübergehend. Beim Steak in der Künstlerkantine darf ich kurz über die spanischen Wände der Szene schmulen. In den Pommes stochernd, gibt Klaus-Dieter Henkler preis, wie es um die sexuellen Neigungen einiger Kollegen steht und welcher

Schlagerstar eben seine dritte Bypassoperation überstanden hat. Mit Namen! Ich werde mich hüten, auch nur einen zu nennen. Monika Hauff lauscht diebisch erfreut ihres Partners Anekdötchen. Nur wenn's gar zu sehr ins Detail geht, wirft sie ein kokettes »Jetzt ist aber Schluß, Klaus« ein.

Dann sagt sie etwas ganz Kluges, immer wieder gern Bemühtes: »Neid muß man sich auch erst erkämpfen.« Dieser Theorie zufolge belobigen die beiden einen Unterhaltungsstar nach dem anderen. Jeder bekommt sein Fett, Roland Neudert, Inka, Aurora Lacasa, Gunther Emmerlich. Besonders ärgern sich die beiden über die, »die jetzt anfangen zu singen und früher nicht mal die Aufnahmeprüfung bestanden, geschweige denn einen Plattenvertrag bekommen hätten«. Aber auch über die, »die jetzt die Entrechteten spielen und in Wirklichkeit alles Blockparteimitglieder waren«.

Hauff & Henkler spielen nicht die Entrechteten. Klaus-Dieter Henkler steht vielmehr »zu dem, was ich damals gesagt habe. Wir hatten immer so viel über unsere Arbeit zu erzählen, daß wir mit politischen Dingen nicht kokettieren brauchten.« Bei aller Plauderei über die Arbeit fand sich dennoch in fast jedem Gespräch mit den beiden immer auch Platz für die Geißelung des »Weltgendarmen USA«, die Verurteilung der »gewissen Kreise« im eigenen Lande und ein paar herzliche Dankesworte an »den Genossen Erich Honecker«. Auch wenn es mal jemanden aus dem Schriftstellerverband auszuweisen galt, konnten sich die Verantwortlichen auf die solidarische Grußadresse des Gesangsduos verlassen.

Der Redakteur von »Musikanten sind da«, ein etwas fahriger, bärtiger junger Mann, immer im Begriff, schnell irgendwo mal einen Knopf zu drücken, schiebt Klaus-Dieter Henkler eine Moderationsänderung über den Kantinentisch. »Ja, ist gut«, schaut Henkler nach dem Lesen auf, »sag' ich besser nich' ›international renommiertes Ensemble‹. Hab' ich mir schon gedacht, weil ich die gar nicht kannte. Aber so tief drin steck' ich ja nicht. Sag' ich ›sehr beliebtes Ensemble‹.« Wo waren wir stehengeblieben. Ah ja. »Manche nennen uns Hofnarren, mein Gott«, schließt Monika Hauff energisch das Kapitel

Vergangenheitsbewältigung. »Und warum, bitte schön, bekommen wir dann heute die Herrmann-Löns-Medaille mit den persönlichen Glückwünschen des Bundespräsidenten?« Eben darum.

Sie wissen, auf wen es ankommt. Das können Politiker sein. In der Regel sind es Veranstalter, Fernsehsender, Rundfunkstudios und Plattenfirmen, mit denen man es sich nicht verderben sollte. »Wir sind Unterhaltungskünstler.« Wie Heino zum Beispiel. »Sein Bild ist bei uns im Osten einfach negativ besetzt. Wir haben jetzt mit ihm gespielt. Er ist nicht nur ein netter Kerl, sondern auch ein Vollprofi.«

Naja, aber die Pommernliedel, werfe ich schüchtern ein. »Man muß wissen, wo«, klärt mich Klaus-Dieter auf, »wenn man die vorm Herbert Hupka bringt oder dem Czaja, da tobt der Saal.« Und dann vielleicht beim Genossen Gysi die Internationale und auf dem Grünen-Parteitag »Es gibt keine Maikäfer mehr«.

»Wir schwingen keine Fahnen, wir wollen einfach unterhalten, auf relaxende Art«, diktiert mir Klaus-Dieter Henkler. Entspannt euch, Leute! Mit dem Entspannen ist's im Osten so eine Sache geworden. Die ehemaligen DDR-Bürger sind heute nicht mehr so bedingungslos gewillt, den beiden Vollblutmusikanten die Säle zu füllen wie einst. Einerseits, weil man sich für sein gutes Geld jetzt auch mal das Nabtaal-Duo gönnen kann. Andererseits, weil das gute Geld knapp ist. »Früher waren wir uns nicht zu schade, auch mal auf einer LPG zu spielen«, erinnert sich Monika Hauff, »aber wo sollen die heute das Geld hernehmen, wo alles zusammenbricht.« Und ihr Partner, nach beider Aussage der Denker im Duo, abstrahiert: »Die Grundlage des Menschen für den Genuß von Kultur ist eine gesicherte Existenz.« Mein Gott. Das war druckreif.

Demnach können die beiden auch weiterhin Kultur genießen. Gut, es geht ihnen nicht mehr ganz so toll wie früher. »Veranstaltungsmäßig gleich null«, trauert Monika Hauff. Auch die Plattenfirmen zieren sich ein wenig. Aber das Fernsehen spurt. »30 Prozent Einschaltquote. Die Leute wollen uns«, freut sich Klaus-Dieter Henkler. Und auch als Sammler internationaler folkloristischer Kostbarkeiten brauchen sie sich vorerst nicht zu bescheiden. Nächste Woche fliegen sie zu einer Tournee quer durch die USA. Jetzt als gesamtdeutsche Diplomaten mit der Gitarre.

Sie nehmen aus dem Sozialismus ein bißchen mehr mit als die meisten. Es waren goldene Jahre. Aber sie lassen auch etwas da. Ihre zahlreichen Platten, die die Diskotheken der Ostdeutschen veredeln. Als Wertanlage gewissermaßen. Sie scheinen kostbar zu werden. Man bekommt sie nämlich nicht mehr. »Hauff & Henkler? Nee«, schüttelt die Schallplatten-Verkäuferin mit einem flüchtigen Blick aufs Volkslied-Regal im Berliner Alex-Kaufhaus den Kopf. »Die kriegen wir nicht mehr. Wollen die Leute auch nicht. Das ist wie mit dem Rotkohl. Den kauft auch keiner mehr. Er hängt den Leuten zum Halse raus.«

Vielleicht sind sie den Leuten ein wenig zu weit vorgeprescht zuletzt. »Wenn das der Geschmack des Publikums ist«, erklärt Monika Hauff und hebt die Hand auf ein bestimmtes Niveau, »muß man immer ein bißchen drüber sein.« Ihre Hand wandert zehn Zentimeter nach oben. »Natürlich haben die Leute auch immer ihr Lied gekriegt. Nur, man darf nicht immer nur uschi, uschi, uschi machen.« Womöglich lag den beiden aber gerade das besonders. Wer weiß?

In den letzten Minuten der Probepause hampeln Monika Hauff und Klaus-Dieter Henkler noch ein bißchen für unseren Fotografen am Spreewaldkanal herum. Lächeln vorm Heuschober, schunkeln am Gurkenfaß. Dann kommt schon wieder Bewegung in die Kabelhalter. Monika muß nun doch moderieren. Sie wird zappelig. »Das, was manchmal nach so wenig aussieht, ist manchmal so viel. Vor allem im Business«, entschuldigt ihr Gesangspartner. Und ergänzt, ganz der Volkskünstler: »Andererseits fragen wir den Bergarbeiter ja auch nicht, wie lange er im Schacht ist.« Jetzt sprudelt's doch aus ihm heraus. Sie müssen weitermachen, wir müssen gehen – der letzte Eindruck ist der bleibende. »Wir sprechen mit jedem, wollen uns über niemanden erheben. Durch unsere Nähe zum Volk haben wir auch unsere großen Erfolge errungen.« »Mein Gott, Klaus!« warnen Monikas Augen. Es klickert. »Schreiben Sie mal lieber Publikum«, verbessert sich Henkler, »Volk ist ja nicht mehr so populär.«

März 1991

Und überall lauert das Establishment

Die Bundestagsabgeordnete Ingrid Köppe vermißt ihre Wurzeln in Bonn und rennt pausenlos gegen Mauern

Ingrid Köppe will noch nicht erwachsen werden. Sie hat dunkelrote, kurzgeschorene, strubblige Drahthaare und ein paar erstklassige Sommersprossen. Sie trägt mit Vorliebe ausgebeulte Pullover und schwere Schuhe. Ihre Augen sind groß und von jenem Blau, das leuchtet, wenn es das Tageslicht trifft. Ein Blau, das am besten wirkt, wenn man nicht damit spielt. Kinder beispielsweise tun das nicht. Auch bei Ingrid Köppe poltert viel zuviel im Kopf herum, als daß sie Zeit hätte, über die Wirkung ihrer Augen nachzudenken. Und manchmal, wenn sie nicht ganz soviel Streß hat, platzt sie Sätze raus wie: »Es wäre doch schön, wenn es in der Politik nicht immer nur um Mehrheiten ginge.« Dann schlägt sie diese Augen auf und sieht längst nicht mehr aus wie 32.

Wenn sich das Hochhaus am Tulpenfeld zu füllen beginnt, weist Ingrid Köppes Camel-Päckchen gewöhnlich schon besorgniserregende Lücken auf. Man muß beizeiten aufstehen, um 14 Stunden am Tag zu arbeiten. Nach dem Telefoninterview heute morgen um sechs Uhr (»Ich nutze jede Möglichkeit, um gehört zu werden«), studiert die Bundestagsabgeordnete Akten für die Anhörung im Schalck-Ausschuß und füllt nebenbei ihren Aschenbecher. Sie sitzt für die Fraktion Bündnis 90/Grüne in dem Ausschuß, der an diesem Tag den Verfassungsschutz-Chef Werthebach zu befragen hat. »Die paar Minuten, die man mich fragen läßt, will ich dann auch nutzen.« Erst im allerletzten Moment taucht sie aus dem Aktenberg auf, stopft ein paar Blätter in ihre geräumige Umhängetasche und stürzt an den Ausschußtisch.

Sie hat keine Zeit zu verschenken. So läuft sie dann auch nicht, sie rennt. Den Oberkörper weit nach vorn gebeugt, stampft sie mit ihren schweren Schuhen dagegen an umzufallen. An einer Häuserecke fängt sie Reinhard Krämer ab, der für ihre Fraktion den Hintergrund im Schalck-Ausschuß recherchiert. Krämer paßt sich ihrem Schrittmaß an und gibt auf den verbleibenden 500 Metern schnaufend noch ein paar Instruktionen für die kommenden viereinhalb Stunden Ausschußsitzung. Dann tauchen sie ins gleißende Kunstlicht ein, das man den Fernsehkameras zuliebe entfacht hat. Köppe kramt Zigaretten und Akten aus der Beuteltasche und wirft sich in ihren Stuhl.

Werthebach holt etwas weiter aus. Er erklärt den Anwesenden, wer Schalck-Golodkowski war und was die KoKo. Bis Ingrid Köppe der Kragen platzt. Sie reißt beide Arme hoch und ruft empört: »Ich denke, wir wissen in etwa, bei wem es sich um Schalck handelt. Ich wäre Ihnen dankbar, wenn Sie zur Sache kämen, Herr Werthebach.« Werthebach schluckt, doch der Vorsitzende des Ausschusses lehnt den Einspruch ab: »Was Sie langweilt, Frau Köppe, kann für andere durchaus interessant sein. Bitte fahren Sie fort, Herr Werthebach.« Herrn Werthebach gibt das Sicherheit. Frau Köppe verunsichert das keinesfalls. Nichts, nicht einmal ein rotes Ohr, deutet darauf hin, daß sie hier vor der versammelten Presse zusammengestaucht wurde. Der Zigarettenrauch zieht gemächliche Kreise über ihrem Ausschußplatz. Ingrid Köppe hat sich daran gewöhnt, gegen Mauern zu rennen.

»Bonn ist eine Bühne. Mir ist dabei die Rolle der Bummelletzten zugedacht. Ich komme immer erst dran, wenn kaum noch jemand da ist.« Wer solche Sätze spricht, den kann man nicht ernst nehmen. So schneiden denn die Abgeordneten das trotzige rothaarige Mädchen geflissentlich. Auch mit der Ignoranz der anderen hat Ingrid Köppe zu leben gelernt. Was den Vorteil hat, daß sie nichts verlieren kann. So kann sie dann den Bundeskanzler, wie vor ein paar Tagen, auch ganz persönlich im Plenum angreifen. »Ich habe mich gefreut, daß er so zornig reagiert hat. Weil er überhaupt reagiert hat. Alles, was ich hier erreichen kann, ist ein bißchen Aufmerksamkeit für die politische Minderheit.« Mehrheiten und Minderheiten sind zentrale Kategorien im Argumentationsgerüst von Ingrid Köppe. »Weil es einfach mal um nichts anderes geht in der Politik«, stöhnt sie. »Leider.« Was nun nicht heißt, daß sie sich damit abzufinden gedenkt. Ihre Gedankenführung ist so naiv wie faszinierend. »In den großen Fraktionen gibt es doch meistens nur eine Meinung«, erläutert sie, »aber unter uns acht Abgeordneten von Bündnis 90/Grüne gibt es immer vier, fünf verschiedene Meinungen. Deswegen sehe ich überhaupt nicht ein, warum wir die geringste Redezeit haben.« Weil ihr das ein wenig kindlich gedacht scheint, kramt sie noch nach einer etwas tragfähigeren Formulierung und entwirft schließlich: »Die Mehrheit hat keine Vielfalt.«

Die Wahrheit ist wohl eher, Ingrid Köppe langweilt sich. Sie begreift nicht, wie man 15 Minuten reden kann, ohne was zu sagen. Sie hat nie Rhetorikkurse belegt, sie versteht den Sinn von Einleitungen nicht. Sie kapiert nicht, wieso man keine Fragen stellt, wenn alles nach Fragen schreit. Das macht sie verrückt. So sind die langen Ausschußsitzungen eine Tortur für die Abgeordnete. Werthebach windet sich, rutscht auf Knien vorm Vorsitzenden. Er weiß nichts, er verweist auf komplizierte Kompentenzverschiebungen zwischen Bundesnachrichtendienst und Verfassungsschutz, er gibt vor, das Problem zu verstehen, im Kern, gibt zu bedenken, noch nicht lange genug im Amt zu sein, einige Dinge seien ihm »nicht erinnerlich«. Und keiner bringt ihn in Verlegenheit. Ingrid Köppe darf noch nicht.

Sie bekommt ihre Hände nicht in den Griff. Sie trommeln wilde Rhythmen auf die Stuhllehne, raufen die Stoppelhaare, versuchen vorübergehend an den Ellbogen Halt zu finden, schnippen dort wieder weg, fegen kurz über die Unterlippe, um im stillen Gebet innezuhalten und schließlich die nächste Zigarette anzustekken. Wechselweise sackt sie im Stuhl zusammen, federt sich wieder heraus, wirbelt zum hinter ihr sitzenden Rechercheur Krämer herum, tuschelt, raucht, wirbelt, stöhnt. Selbst quirlige Typen wirken neben ihr wie Schlafmützen. Als Verfassungsschützer Werthebach eben eine freundliche Frage des Ausschußvorsitzenden zu beantworten beginnt (»In der Tat bin ich natürlich dankbar dafür, daß sie mir diese Frage stellen, weil sie mir eine Antwort erlaubt, die ...«), explodiert Ingrid Köppe zum zweiten Mal. »Ich möchte daran erinnern«, brüllt sie fast, »daß die Ausschußsitzung in einer halben Stunde zu Ende ist. Ich möchte auch noch ein paar Fragen stellen können.«

Sie stellt sie schließlich, bekommt keine Antwort, rennt rüber zur Fragestunde ins Wasserwerk, um schließlich zwei Reden vorzubereiten, die sie am Abend dem Plenum vortragen will. »Mittagessen?«, fragt ihre Sekretärin, als die Köppe zwischendurch im Büro erscheint. »Nein danke«, antwortet sie, »eine Cola vielleicht, kalt.« Sie ruiniert ihre Gesundheit mit bestem Gewissen. Sie stürzt sich in die Arbeit, um zu vergessen, daß ihr Traum ausgeträumt ist. Um zu verdrängen, daß sie allein ist. Sie hat ein geräumiges Arbeitszimmer in Bonn, inzwischen auch eine Wohnung und ein Fahrrad. Aber ihre Wurzeln sind woanders.

»Ich versuche in den Sitzungswochen soviel wie möglich zu erledigen, damit ich ruhigen Gewissens nach Hause fahren kann. Ohne diese Heimkehr kann ich nicht leben.« Zu Hause ist für sie in ihrem Wahlkreis Sachsen-Anhalt, vor allem aber in Berlin. »Eigentlich überall in der ehemaligen DDR.« Sie ist schon ein bißchen DDR-sentimental, »weil das besser ist, als sich nicht mehr zu erinnern, weil erinnern schmerzt«. Obwohl gerade sie als Bürgerrechtlerin wirklich gebeutelt wurde, im Gegensatz zu den Blockparteirevolutionären.

Zu Hause beim Tee unter Beutelpullovern ist die Welt in Ordnung. Aber hier sind nur Feinde. Daß sie keine Freunde unter den Sozial-, Christ- und Liberaldemokraten finden würde, ahnte sie schon. Doch dann gibt es noch die Altgrünen, »deren Annäherungsversuche an uns irgend was Vereinnahmendes haben«. Schließlich ist da ein völlig abgedrehter Konrad Weiß in der eigenen Reihe, der es fertigbrachte, sich für den Kanzlerangriff seiner Fraktionskollegin beim Kanzler in aller Form zu entschuldigen. Und überall lauert das Establishment. Alles riecht nach Anpassung, Ingrid Köppes schlimmster Feindin. Als sich das Bündnis 90 am vorigen Wochenende zur landesweiten Organisation formierte, war sie nicht dabei. »Vielleicht haben beide Formen ihre Berechtigung, aber ich bleibe Bürgervertreter, und das geht nur ganz konkret am Bürger und nicht in einer großen Partei.« Überall Fangarme. Auch Bonn greift schon nach ihr. Mit Dienstkarossen, Freiflügen und hohen Bezügen. Sie wehrt sich tapfer. Um nicht auf die Dienstautos angewiesen zu sein, kaufte sie sich ein Fahrrad, gegen die fünfstelligen Summen auf dem Konto spendet sie. Bis zu 5 000 DM jeden Monat. Die Angst, vereinnahmt zu werden, wird sie dennoch nicht los. Sie macht Ingrid Köppe vorsichtig und einsam.

Eine der beiden Reden, die sie heute abend im Plenum halten wollte, gab Ingrid Köppe auf Drängen der CDU-Geschäftsführerin schon ins Protokoll. Die andere aber will sie partout halten. Weil manche Sachen ausgesprochen werden müssen, bitte schön auch ausgeschrien. Sie wird also reden. Als Ingrid Köppe ans Rednerpult des Bundestages tritt, ist es 20.40 Uhr. Vor ihr sitzen exakt 16 Abgeordnete und reiben sich die Augen. Alles wirkt lustlos, müde, genervt. Die Journalisten sind lange gegangen, die Fräcke der Saaldiener zerknittert. Allein Ingrid Köppe wirkt zappelig wie am Morgen.

Sie hält eine kurze pointierte Rede, die in dem Antrag gipfelt, die Reisekosten für Bundestagsabgeordnete transparent zu machen. Sie wolle wissen, wozu manche Abgeordnete wochenlang in die schönsten Gegenden der Welt reisen, was das kostet und was dabei herauskommt. Das sei man dem Steuerzahler einfach schuldig. Bei Anfragen habe sie zu erfahren bekommen, daß die Reisefragen geheimgehalten werden. Aus der SPD-Fraktion riet man: »Du wirst auch schon auf den Geschmack kommen, Mädel«, aus der CDU/CSU-Ecke wurde sie als Netzbeschmutzerin beschimpft. Sie sehe das nicht so, deswegen der Antrag. Man sollte nicht für möglich halten, welchen Krach noch 16 Abgeordnete erzeugen können.

Beim letzten Tagesordnungspunkt kommen die Herren noch mal voll auf ihre Kosten. Eine kleine schüchterne Frau sächselt den PDS-Gesetzantrag auf Gleichstellung gleichgeschlechtlicher Liebe herunter. Sie hat nur fünf Minuten Zeit dazu und muß sich auch noch zahlreicher zotiger Zwischenrufe erwehren. »Machen Sie doch gleich Sodomie salonfähig«, prustet es aus der Dreiergruppe der SPD, und auf den FDP-Bänken findet man den Antrag »unappetitlich«.

Dann gehen im Bonner Wasserwerk die Lichter aus.

Ingrid Köppe schiebt ihr Fahrrad ins Dunkel. Wir laufen noch ein Stück, bevor sie sich aufschwingt, um zu Hause noch ein bißchen zu arbeiten. »Haben Sie das mit der Sodomie gehört?« fragt Ingrid Köppe. Es ist kalt in Bonn.

September 1991

Auf »Grace Kelly« sprießen verräterische Pickel

Der Neubrandenburger Sprintstar Katrin Krabbe ist gefallen, aber noch nicht aufgeschlagen

Es sollte November heißen und nicht Februar. Der Himmel ist ein schleimiger grauer Klumpen. Die Luft ist regenschwanger, doch man weiß, es regnet nicht, nur die Haare werden krisselig. Angewidert pellt sich die Nutte aus dem Wohnmobil und reibt sich die Hände am Thermoanzug warm. Der einzige potentielle Freier trägt eine blaue Wattejacke, Filzstiefel sowie einen ausgebeulten grünen Kordhut und ist auch nur gekommen, um die Bremsen seines Wartburg beim mobilen ADAC-Stand überprüfen zu lassen, der auf dem Parkplatz gleich neben den Liebescaravans steht. Die Nutte versucht nicht, begehrlich auszusehen. Sie klettert ins fahrbare Bordell zurück.

Schön sei es hier, erzählen die Neubrandenburger. Es ist ihr Stadtpark. Irgendwo dahinten muß der Tollensesee sein. Vielleicht ist es hier im Sommer schön, im Herbst oder im Frühling. Jetzt staken kahle Äste im Dunst, auf dem Parkplatz verrottet ein Trabant, dahinter thront ein brauner Neubauzombie, das »Haus des Bauern« mit Bierbar, Bowlingbahn und einem Restaurant, in dem die Zeit stehengeblieben ist. Und hinter einem Eisenzaun, dreihundert Meter von den Nutten und den Autowracks entfernt, trainiert ein deutscher Megastar. Er trägt heute vormittag knallpinkige, hauchzarte Leggins, die die langen Beine vorzüglich zur Geltung bringen. Pinkfarbene Sprungfedern, die pünktlich zur ersten Trainingseinheit erschienen sind. Sie gehören der augenblicklich wichtigsten Bürgerin Neubrandenburgs. Die Leute in der Stadt wissen das. Sie lieben diese Beine.

Katrin Krabbe muß nicht viel an ihrem Gesicht arbeiten, um verächtlich zu schauen. Sie setzt eine Augen-

braue in Bewegung, das ist alles. Das tut sie jetzt öfter, wenn sie einen Journalisten sieht. »Die deutsche Presse«, sagt sie mir, »ist pervers.« Es gibt Momente, da haßt man seinen Beruf.

Wir waren noch gar nicht ganz vereint, da war aus dem Ostblock-Nachwuchs schon »Unsere Katrin« geworden. Wenig später, zu den Europameisterschaften, wurde sie »Unsere Gold-Katrin«. Sie blieb es im Verlauf der vorjährigen Leichtathletik-WM. Ihre Beine waren damals noch lang und ebenmäßig, sie wirbelten. Der Teint war rein. Sie hieß Grace Kelly, und die hatte keine Pickel.

Nun, ein halbes Jahr später, bemerkt der »Stern« an der 22jährigen Sprinterin eine »verräterisch aufblühende Gesichtsakne«. Der »Erfolgstrainer«, das »Schlitzohr« Thomas Springstein, ist jetzt nur noch ein »Schleifer«. Der »Spiegel« findet die graziöse Schöne mittlerweile »außergewöhnlich muskulös«, ihre Psyche sei labil, und außerdem steht für das Nachrichtenmagazin fest: »Katrin Krabbes Karriere ist zu Ende«. Das alles, weil »Bild«, wo Katrin Krabbe unter Exklusivvertrag steht, in gewohntem Baby-Hackstil ausblies, was Dopingfahnder herausgefunden zu haben glauben. – »Krabbe doch Doping?« Immerhin gönnte man sich das Fragezeichen und die ungläubige Dachzeile: »Das darf doch nicht wahr sein!«. Der Exklusivvertrag, wie gesagt.

Seitdem räumt die Presse großzügig Tabus ab und beschäftigt sich ausschweifend damit, in welchen Körperöffnungen man Plastiksäckchen mit Fromdurin am effektvollsten verstauen kann. Nur der »Super!« gelang es mit der geradezu genialen Schlagzeile »Die Pipi-Affäre«, die unappetitlichen Details zu umgehen. Die anderen waten knietief im Exkrement.

Mitunter glaubt man Katrin Krabbe ihre Ahnungslosigkeit bedingungslos. Dann nämlich, wenn sie sich wundert, wie man so schnell vom Thron fallen kann. Leute, die sich ihr bislang auf breiter Schleimspur genähert haben, stellen plötzlich freche Fragen. Sie hat keine Antworten, jedenfalls keine, die überzeugend klingen. Es ist nicht ihre Art, in Tränen auszubrechen. Sie bewegt die Augenbraue. Sie will arrogant wirken und unnahbar. Unangreifbar, aber doch auch attraktiv. Wie auf den Fotos. Hatte man ihr nicht oft genug gesagt, daß sie so am besten wirkt? Sie taumelt ein wenig zwischen der verblassenden Bewunderung und den immer stärker werdenden Vorwürfen. Sie ist gefallen, von ganz oben, aber noch ist sie nicht aufgeschlagen. Sie schmollt. »Pervers«, sagt sie und schlendert mit Grit Breuer, ihrer Trainingskameradin und Leidensgefährtin, auf die Marke zu. Die Kugelaugen ihres Trainers funkeln. Hopp. Die pinkfarbenen Beine setzen sich in Bewegung. Heute ist Sprungtraining. Die altersschwache Laufhalle des SC Neubrandenburg wurde geräumt für die Stars: Grit Breuer, Katrin Krabbe und Thomas Springstein. »Sind wir denn heute die einzigen?« wundert sich Katrin Krabbe. Es klingt nicht echt.

Die Halle des Klubs ist ein Witz. Carl Lewis würde in Lachtränen ausbrechen, wenn man ihm anbieten würde, hier zu trainieren. Brummende Elektroheizungen an den Wänden kämpfen lautstark um ein wenig Wärme. »Es gibt keinen, der sich hier noch nichts weggeholt hat«, erzählt ein Trainer. An der Decke baumeln ein paar altersschwache Neonlampen, der Bodenbelag ist brüchig, und an der Wand vergammelt die Wettbewerbswandzeitung. Sie ist mit rotem Tuch beschlagen. Der Clou ist die Bahn. Um Kurven trainieren zu können, hat man eine Art Drahtgestell mit Tartan belegt, über das die Läuferinnen in einen schmalen Tunnel spurten können. Ein improvisierter Anbau aus besten Mangelzeiten. Hier werden Weltstars gemacht. Katrin Krabbe paßt in diese Atmosphäre wie Liz Taylor in eine Betriebskantine. Doch sie bleibt. Das hat Vorteile. Die Neubrandenburger belegen damit ihre Behauptung, die Krabbe sei auf dem Boden geblieben. Und Trainer Springstein hat ein As im Ärmel. Das er jetzt braucht.

»Wenn wir gesperrt werden«, erklärt der Meistermacher, »sieht es schlecht aus. Für den Klub, für die Stadt und die Region.« In der Tat hängt vom Erfolg seiner Schützlinge eine ganze Menge ab. »Die neue Laufhalle beispielsweise, die im nächsten Jahr fertig sein sollte«, zählt Springstein auf, »die Trainerbetreuung und die Unterstützung aus dem Bund.« Die Iris hüpft durchs Weiße, und der Mund wird trocken. Springstein pokert.

»Langsam könnte ich mir vorstellen, ins Ausland zu gehen«, sagt er. Es ist klar, wen er mitnehmen würde.

Allein beim Gedanken daran dürften Oberbürgermeister Klaus-Peter Bolick die Knie weich werden. »Ich bin Sportfan«, erklärt er, und zum Beweis legt auf dem Farbfernsehbildschirm seiner Büroschrankwand eben ein Biathlet ploppend eine Schießscheibe um. Bolick dreht den Ton etwas runter und weiß, daß dies seine Sorgen nur unzureichend erklärt. Er kennt das Poster, auf dem in großen weißen Lettern »NIKE« steht und daneben: »Der SC Neubrandenburg – ein starkes Stück Mecklenburg-Vorpommern!« Und er glaubt daran. Überall, wo Sportler des Heimatklubs auftauchen, ist auch Bolick mit Blumenstrauß. »Natürlich«, begründet der Oberbürgermeister sein Engagement, »ist der Klub ein immenser Werbefaktor für die Stadt.« Was er nicht sagt, ist, daß es der einzige ist. Neubrandenburg ist weitgehend eine Neubauretortenstadt, die um ein paar Industriebetriebe herumgebaut wurde, die jetzt pleite gehen. Im Sommer lockt vielleicht der Tollensesee. Aber jetzt ist nicht Sommer. Bolick kann Gott danken, daß es Katrin Krabbe gibt. Und das tut er wohl auch.

»Sie ist eigentlich ein schüchternes Mädchen«, schwärmt der OB. »Sie ist Mecklenburgerin, die sind eher zurückhaltend. Das wird ihr mitunter als Arroganz ausgelegt«, verteidigt er seine Heldin, nicht ohne daran zu erinnern, daß sie ihn zu einer Auszeichnungsveranstaltung nach Monaco »mitnahm«. Doch dann besinnt er sich wieder auf die Unwägbarkeit der Dinge. »Wir dürfen natürlich nicht vergessen, daß der Sportklub mehr ist als Katrin Krabbe. Da trainieren Olympiasieger und Weltmeister, von denen im Augenblick niemand spricht.« Eine Argumentationslinie, mit der sich inzwischen auch der Klubvorstand angefreundet hat. »Die in Teilen der Presse erhobenen pauschalen Vorwürfe gegen unseren Verein weisen wir entschieden zurück«, erklärte die Präsidentin am Mittwoch abend. Man weiß ja nie. Vielleicht ist doch was dran, da will man wenigstens verhindern, daß der gesamte Verein in Mißkredit kommt. Heiner Jank, Geschäftsführer des SCN, stößt ins gleiche Horn: »Wir sind kein Krabbe-Klub.«

Ganz so sicher kann sich Trainer Springstein wohl doch nicht sein, daß der Verein immer noch »voll hinter uns steht«. Felsenfest überzeugt allerdings ist er von einer »Kampagne gegen ostdeutsche Sportler«. Eine Überzeugung, die man teilt in Neubrandenburg. »Die wollen alles plattmachen, was nach DDR riecht«, meint Nachwuchstrainer Gerald Bergmann. »Wenn ich die Henkel sehe, die jetzt den Saubermann spielt, kommt mir der Kaffee hoch. Oder die Florence Griffith-Joyner, über die redet kein Schwein. Dabei ist die eine halbe Sekunde schneller gelaufen als die Katrin. Das ist doch alles verlogen, was da abläuft. Der Effekt ist, daß die Eltern uns ihre Kinder nicht mehr zum Training schicken, weil sie Angst vorm Doping haben. Dann haben sie geschafft, was sie wollten.« Der einheimische »Nordkurier« druckt großflächig Briefe erzürnter Leser ab. »Was läuft da eigentlich?«, fragt Siegried Mamerow aus Altentreptow. Für die Verkäuferinnen in Katrin Krabbes Sportartikelgeschäft steht ebenfalls fest, daß »die Westler die Katrin zermürben wollen, weil sie nicht verknusen können, daß eine Ostdeutsche die Beste ist«. Die Frau legt ein wenig den Kopf schief und erinnert sich: »Die Medaillen haben doch immer die SU geholt und wir. Und nicht die BRD.« Sie spricht die drei Buchstaben aus, wie ein NVA-Politoffizier BRD gesagt hätte. Gespreizt und angewidert. Sie hat vergessen, daß so das Land heißt, in dem sie lebt.

Vielleicht gibt es Leute, die sich köstlich amüsieren über diesen Streit. Die sich darüber totlachen, wie gewissenhafte deutsche Journalisten versuchen, den Flugweg dreier Urinröhrchen zu rekonstruieren. Die sich die Bäuche halten, wenn verkalkte Sportfunktionäre bezichtigt werden, Kampagnen zu führen. Die mit Freudentränen in den Augen beobachten, wie ost- und westdeutsche Sportler giftige Blicke austauschen. Sie könnten in den Vorstandsetagen der Sportartikelindustrie sitzen. Bernard Tapi, Frankreichs »Zorro der Pleitefirmen« und als solcher stolzer Besitzer von adidas, dürfte die Diskussion um Katrin Krabbe nicht ohne Wohlwollen verfolgen. Schließlich ist Krabbe das Topmodell des amerikanischen Konzerns NIKE. NIKE wiederum hatte adidas bereits vor anderthalb Jahren den Rang als weltgrößter Sportartikelfabrikant abgelaufen und war im Begriff, auch den europäischen Markt zu erobern. Entscheidende Größe in den ehrgeizigen NIKE-Plänen war eine Goldmedaillengewinnerin in Barcelona. Sie sollte Katrin Krabbe heißen und hauseigene Turnschuhe tragen. Alles, was Krabbe schadet, schadet NIKE. Alles, was NIKE schadet, nützt adidas. Und Puma und Reebok. Wer weiß. Insider der Branche sprachen bereits im letzten Jahr davon, daß ein »heißer Konkurrenzkampf« beginnen wird.

Es ist später geworden. Die Stars haben die Halle verlassen. Sie werden heute nachmittag noch mal kurz trainieren. Katrin Krabbe sieht ihre Zukunft nicht so schwarz wie der »Spiegel«. Sie will beim bevorstehenden Sechsländerkampf starten. Barcelona gibt es auch noch. Sie möchte wenigstens vorbereitet sein.

Jetzt ist der Nachwuchs in der Halle. Zehn-, zwölf- und dreizehnjährige Sprinterinnen. Drei Mädchen schlendern nebeneinander über den brüchigen Tartan der Halle. Zwei von ihnen haben blonde Haare. Sie tragen sie streng nach hinten. Nur an der Seite fällt ihnen eine lange Strähne in die Stirn.

Februar 1992

Ich muß doch erst noch den Amazonas runterrudern

Udo Lindenberg ist crazy nach all den Jahren

»... und dann mit meinen
Rock-'n'-Roll-Komplizen
immer wieder müde Menschen
wecken,
bevor wir dann in einer
Manhattanbar
an unserem Durchdrehlebensstil
verrecken«
(Flipper)

Wir kannten die Reeperbahn lange vor der Penny Lane. Wir wollten nach Jamaica, Kingston Town. Mit fünfzehn wären wir am liebsten das erste Mal von zu Hause weggerannt. Wir wollten nach London und später nach Paris. Mit Karoline auf der Maschine. Wir liebten »Cello«. Und abends in unseren Internatsbetten, während »anett« ruhig war und »sonett« still, träumten wir von der ersten Liebe, vom Radiomädchen und Nina, die kaum fünfzehn war und damit für uns durchaus in Frage gekommen wäre. Wir spitzten die schmalen Lippen spöttisch bis unter die Nase und überprüften in den Schaufenstern unseren Cowboygang. Beim Tanzen in der Disko ließen wir die Hände lockerzappelnd vor dem Bauch kreisen. Dazu hüpften wir den Udo-Shuffle. Später trugen wir Hüte. Dann kamen Westernhagen, BAP und Grönemeyer. Wir verloren uns aus den Ohren.

Ein paarmal tauchte er noch in Talkshows auf, wobei er Unsinn wie »man müßte einfach mal nach Bonn reiten und den Politoberzockern kräftig die Peitsche geben« unter der Hutkrempe rauslaufen ließ. Er ließ sich pausenfüllend durch die Glitzerkulissen der Samstagabend-Shows schieben, zeigte sich mit Egon Krenz und tauschte mit »Eh, Erich, eh« Lederjacke gegen Schalmei. Er dichtete »Gitarren statt Knarren« und hing einem zum Halse raus. Ein versoffner Clown in Lederhosen. Als er nach jahrelangen Attacken auf die DDR-Kulturfuzzies endlich den wilden Osten bespielen durfte, blieben viele seiner alten Fans, die so lange auf diesen Moment gewartet hatten, den Arenen fern. Manche von ihnen hatten Angst, den Gottvater des Deutschrock sterben zu sehen. Sie behielten »Cello« im Herzen. Und schauten dem Sonderzug hinterher.

Durch die Halle geht ein kleiner, verwahrloster Herr. Knittrige Frackschöße wehen dürren Lederbeinen hinterher. Kraftlos schlürfen die Cowboystiefel über den Marmor. Aus dem Halbschatten des Hutes quellen aschfahle dicke Lippen, die nervös zucken und die Krempe ständig in Bewegung halten. Nur der Portier schaut wissend von der Gästeliste auf. Die schwatzhaften Damen zwischen den Palmenwedeln stocken nicht im Gespräch, und die grauen Wölfe an der Bar nehmen ihren Drink nicht von den Lippen. Vielleicht erkennt der eine oder andere Hotelgast den zerknitterten Mann, der da durch die Lobby des vornehmen Hotels wippt. Anmerken läßt es sich keiner. Es ist nicht schick. Udo ist schließlich nicht Lagerfeld oder Pavarotti.

Der Lottermann sagt zu mir: »Grüß dich. Ich denk', wir machen besser eine kleine Spritztour, näh.« Er spitzt den Mund, wie nur er es kann, zieht ein wenig Luft durch die bebenden Nasenflügel und trennt die trockenen, dicken Lippen schmatzend voneinander. So wie er es immer gemacht hat. Mir bricht der Schweiß aus, und ich vergesse meine Fragen. »Ist okay«, nöle ich. Noch am nächsten Tag werde ich reden wie er.

Die Crew wird mehrfach wechseln heute abend. King Udo braucht den bunten Hofstaat. Zunächst ist eine nette, rothaarige Dame vom Management dabei, die »Zacky« genannt und geduzt werden will. Ferner ein blutjunges, langbeiniges Mädchen, dem es nichts auszumachen scheint, daß sie Udos Hutkrempe um einen halben Kopf überragt. Sie küssen sich ein wenig, bevor Udo sie mit einem »Wir sehen uns äh, äh, äh. Und viele Grüße an die Eltern« in die Nacht entläßt. Schließlich begleitet ihn Karlheinz, der so aussieht, wie er heißt. Ein fülliger, gemütlicher Herr mit Westover überm Hemd und Cordhosen, der Zigarren raucht. Er mag Ende Vierzig sein und steht dazu. Karlheinz ist Lindenbergs Hauptclaqueur für heute abend. Wann immer der Fürst einen Witz reißt, hat Karlheinz zu lachen. Er wird Bier bestellen, Kaffee holen, seinem Herrn zum Munde reden. Vor allem wird er da sein. Das ist sein Job. Lindenberg verträgt es nicht, allein zu sein.

Er lebt immer in Hotels, weil da Menschen sind. Er schreibt Lieder über das Scheißleben in sterilen Absteigen, wo es gespenstische lange, leere Flure mit vielen Türen gibt und schummrige Bars, in denen man sich einsam saufen kann. Er gibt nicht zu, daß er da sein eigenes Leben besingt. Er faselt von den Vorteilen. »Du hast hier das ganze Management, näh. Telefon, Fax und den ganzen Technokram. Sie bestellen dir die Flieger und die Taxis. Sie kümmern sich um dich. Und sie sind immer nett«, brabbelt er und winkt zur Illustration dem korrekten, altmodischen Portier zu. »Bis später, Herr Böhm.«

In der Schwingtür macht er uns den Verkleidungsgag. Udo rein, Mr. Nobody raus. Er nutzt den Drehmoment, um den Schlapphut gegen eine zerknitterte Baseballmütze einzutauschen. Er komplettiert die scheinheilige Maskerade mit einer dunklen Sonnenbrille und überlegt noch kokett: »Nehm' ich zur Tarnkappe noch das Tarnbärtchen?«, läßt es dann aber. Natürlich erkennt man ihn trotzdem. Um nichts anderes geht es dem Meister. Wir nehmen den schwarzen Porsche Carrera. Da passen nur Udo, Karlheinz und ich rein. Die anderen hat Lindenberg schon per Funktelefon zu allen möglichen Plätzen der Stadt beordert, die wir später aufsuchen werden. Karlheinz rutscht ein wenig vor, um mir das Leben auf dem Notsitz zu erleichtern. Nachher gesteht er, immer ein wenig Angst zu haben, wenn Udo fährt.

Er fährt halt, wie er singt. Etwas holprig und ruppig. Vor allem noch nicht lange. »Weil, früher ging es nicht, wegen der Dröhnung.« Wir ruckeln über den Kudamm auf der Suche nach einer Currywurstbude, weil Udo »irgendwie totalen Hunger« hat. Er glaubt, sich an die berühmteste Currywurstbude Deutschlands erinnern zu können, die hier irgendwo sein muß. Und auch Karlheinz glaubt das. Wir finden sie nicht. Später ist sich Lindenberg sicher, daß sie sie abgerissen haben inzwischen. Karlheinz ist sich jetzt ebenfalls sicher. Lindenberg ist der alte Mann, der uns zeigen will, daß er sich auskennt, und feststellen muß, daß alles ganz anders geworden ist inzwischen. Wie Silberhaar Paul Newman, der mit Tom Cruise und Gespielin in »colour of the money« einen der berühmtesten Billardsäle der Gegend aufreißt, ohne zu wissen, daß daraus mittlerweile eine Fabrikhalle geworden ist.

Später nimmt Udo in einer Seitenstraße drei Currywürste, »weil die, äh, echt geilo schmecken«, und wählt dazu einen Kaffee. Es ist kalt und windig, hinter uns flattert die Plane eines Baugerüstes, niemand kommt hier vorbei, und der türkische Würstchenverkäufer kennt keinen Lindenberg. Der schwarze Porsche parkt in der zweiten Reihe, Udo hat die Warnblinkanlage eingeschaltet und guckt kauend und fröstelnd ab und zu, ob das gute Stück nicht stört. Der besorgte Panikrocker. Um nicht völlig spießig zu wirken, entleert er wenigstens die Kaffeeblase gleich neben dem Baugerüst.

Wir kurven noch ein bißchen durch Honeckers Vorzeigeteile Ostberlins. Lindenberg erzählt, daß er starre Mauern einreißen wollte. Deswegen habe er den Dialog mit Honi gesucht, der natürlich nicht so ernst, eher eine »Schmonzette« gewesen sei. »Oder sagen wir Tragikomödie.« Natürlich konnte er nie ahnen, daß ihm die Sache mal irgendwann aufs Bein fallen würde. Genausowenig wie Kohl, Waigel und all die anderen, die den greisen Repräsentanten einst hofierten. Lindenberg hat sich eine Antwort auf die dickletternen Vorwürfe der Boulevardpresse und die geschliffenen Spitzfindigkeiten des »Spiegel« einfallen lassen, die nicht bescheiden ausfällt. »Es war irgendwie ja auch eine Art Beitrag zur Deutschlandpolitk. Brandt hat seins gemacht, ich meins.«

Ich schlucke das, Karlheinz sowieso. Wieder einmal verschaltet sich der Barde gehörig, die PS dröhnen, und Karlheinz klammert am Türgriff. Wir reden über die neue Platte. Gustav heißt sie, wie sein Vater. »Äh, ich denk', es ist die fünfunddreißigste, oder so.« Politische Botschaften flossen ihm diesmal nicht aus dem Hirn. »Aber auf der letzten«, trotzt Lindenberg , »hatte ich was zur Ausländerfeindlichkeit, glaub' ich.« Für die Kids aus den neuen Ländern fällt ihm nicht mehr ein als »Es ist bestimmt nicht einfach jetzt, aber ich denke, man sollte nach vorn sehen«. Er weiß nicht mehr, was läuft. Er kennt die Nachtadressen der Ostszene, das schon. Die Tage kennt er nicht, die sind zum Schlafen da. Die Welt ist die Piste und das Hotelzimmer. Da werden die Songthemen mit der Zeit knapp. Grönemeyer schreibt schon Lieder darüber, wie ein Videoclip gedreht wird, und Lindenberg grübelt auf der Karl-Liebknecht-Straße: »Was über Schwule müßte man wieder mal machen. Ja, das ist ein heißes Thema, immer noch.« Vielleicht auf der nächsten Platte. Auf dieser hat er wieder was zum Thema Sex mit kleinen Mädchen. Hatte er auch schon ein paar Mal. Diesmal heißt es »Lolita«. Es ist so gut wie Nina. Besser nicht.

»Dabbendadabdei«, dudelt Udo, während wir wieder auf den Westen zurollen. »Dabbendadabdei«. Die Fans mögen ihn so. Glaubt er. »Eine spezielle Fangruppe habe ich nicht«, murmelt er, »ich würde mal sagen, meine Anhänger haben eins gemein. Einen auserlesenen Geschmack.« Uah, uah. Der Witzbold dreht sich kurz zu Karlheinz um. Der wiehert ausgelassen, es ist gut. Udo hält seinen Narren bei Laune. Die Konkurrenz findet er soweit in Ordnung. »Mit den Hosen versteh' ich mich prima. Ab und zu geh' ich zu Herbert, und sag' ihm, er soll singen und nicht bellen. Tja, und Peter dreh' ich gelegentlich an der Warze.« »An der Warze, ha, ha, an der Warze«, bölkt Karlheinz. Nachdem Udo uns aufgeklärt hat, wie das Spiel mit den Stars in der Boulevard-, Nachrichtenmagazin- und Zeitgeistpresse funktioniert, muß er wieder den widerspenstigen Anarcho-Kasper raushängen lassen. »Sie wollen einen neuen deutschen Rattenpapst haben. Okay. Ich bin sehr freizügig bei der Vergabe von Kardinalslizenzen.« Irgendwann hat Lindenberg den Kampf zwischen der Kultfigur, die pausenlos Wortschöpfungen absondert, und dem normal sprechenden Privatmenschen aufgegeben. Wenn er überhaupt jemals gekämpft hat. Die Lichtmasten werfen in ihren Abständen weiße Schauer durch die getönte Frontscheibe. Einmal dreht sich Lindenberg mitten in einem Lichtstoß zu Karlheinz um und lacht über einen seiner Witze. Da sieht er aus wie eine alte Frau.

In der Lobby wartet Frischfleisch. Zwei neue langbeinige Mädchen, von denen eine Birgit heißt. Dazu der zarte Gitarrist des Panikorchesters. Lindenberg hantiert noch kurz am Funktelefon, um der neuen Mannschaft mitzuteilen, daß die Ulla später noch nachkommen wird. Die Ulla ist Ulla Meinecke. Diesmal nimmt man aus Platzgründen einen Benz, den Birgit steuern wird. Karlheinz atmet auf. In der Oranienburger Straße gibt es ein Hinterhofvarieté, das »ganz geil« sein soll. Vorher ziehen wir noch Kaffee an der Hotelbar, bis der Meister plötzlich aufspringt und losrennt. Der Staat folgt, halbvolle Tassen zurücklassend.

Lindenberg gibt sich keine Mühe mehr mit der Tarnung. Lässig genießt er das erkennende Blitzen in den Augen des Varieté-Einlassers. Na bitte. Udo legt sich in die letzte Stuhlreihe des halbvollen Saales. Gelangweilt beobachtet er das Treiben der Schauspieler. Karlheinz schleppt Getränke ran, für Udo ein alkoholfreies Bier. Das Programm ist wirklich komisch. Teilweise gibt sogar Lindenberg den zynischen Lippenschlag auf und verfällt in ein schrilles meckerndes Lachen. Für das Szenepublikum ist Lindenberg aus Luft. Es ist nicht cool hier, aufgeregt zu sein, wenn ein Star zugegen ist. Schon gar nicht bei jemandem, der Schunkelsachen singt wie den »Club der Millionäre«. Sie erkennen höchstens Tom Waits. Wenn überhaupt.

Lindenberg trinkt dieses ekelhafte alkoholfreie Bier, man sieht, daß er es ekelhaft findet, und er raucht nicht. Wir reden übers Sterben. Er hat nicht Freddy Mercurys Probleme, jedenfalls nicht im Detail, dann schon eher die von Kinski. Aber so alt ist er noch nicht. »Ich hab einen Warnschuß gekriegt«, näselt er, »da leb' ich jetzt halt ein bißchen fitter.« Er sieht verdammt noch mal nicht so aus. Sein Gesicht ist aus Käsetorte gemacht, hinten baumeln ein paar strohige Haarfransen aus der Mütze, sein Lachen wirkt zahnlos, überm Lederhosenbund drängt der Bauchspeck gegen den Knitterfrack, und ständig jagt ein nervöses Zucken durch seine Züge. Der Mützenschirm zittert wie unterm Elektroschock. Immer noch favorisiert er den Falltod vom Barhocker. »Manhattan, das wär's schon.« Dann sagt er doch noch was Überraschendes. »Mann, ich tu doch nur so cool, verstehst du. Wer redet schon gern übers Sterben.«

Für ein paar Minuten können wir uns normal unterhalten. Niemand hört zu. Er erzählt von seiner Heimatstadt Gronau, einem kleinen Nest in Westfalen. Einmal im Jahr fährt er dorthin. Nachts, wenn die Nachbarn schlafen, streicht er durch seine Kindheit. Er redet von seinem Vater Gustav, dem er seine jüngste Platte gewidmet hat, »weil er für die Generation steht, die nie die Chance hatte, auszubrechen und Detektiv zu spielen«. Gustav sei die verhinderte Konsequenz. »Nie wieder stilles banges Hoffen«, singt Udo, »nie wieder warten stumm und klein.«

Die Eitelkeit killt die Ehrlichkeit. Er ist wieder der Rattenpapst und Oberguru. »Das Geile an mir«, tätschelt er sich, »ist ein Image, das mir praktisch alles erlaubt. Ich brauche meine Kohle nicht zu verstecken wie andere. Im Gegensatz zu mir darf Grönemeyer keinen goldenen Rolls Royce fahren.«

Lindenberg ist eine Legende, der selbst Schrottsongs nichts anhaben können. Andrea Doria und den Sizilianischen Werwolf kann ihm niemand mehr nehmen. Er wird immer der Bob Beamon des Deutschrock bleiben. »Gustav« ist keine geniale Platte, aber eine gute. Es sind traurige Lieder drauf über Frauen, ferne Reisen, das Saufen und die Einsamkeit. Augsteins Musikredakteure kotzen vom Olymp auf den Krautrocker. Sie können ihm nichts anhaben. Sie werden immer verlogen bleiben. Und Lindenberg immer ehrlich. Er lebt, was er singt. Er sieht aus, wie er lebt. Wenn es ihn dann erwischt, sollte es schon Manhattan sein. Nicht die Intensivstation.

Bevor die Vorhänge fallen, schnippt Lindenberg seinen Clan zum Aufbruch. Birgit muß nach Hause, es werden andere Mädchen da sein, später. Die Nacht fängt erst an. Es ist kurz vor zwölf. Man kann nicht ewig Kaffee und Clausthaler trinken. Lindenberg muß weiter. Er wird jünger, je näher die Nacht kommt. Wir stehen uns auf der finsteren Oranienburger Straße gegenüber. Ich muß an eine Zeile aus dem Flipperlied denken. »Ich muß doch erst noch den Amazonas runterrudern.« Udo steigt zu den kichernden Damen in den Mercedes. Er hat mir nichts mehr zu sagen. Vielleicht sind wir einfach zu alt geworden.

Dezember 1991

Die gescheiterte Verwandlung des guten Menschen in einen weißen Tiger

Boxer Henry Maske will Profi-Weltmeister werden und sauber bleiben

»I am just a poor boy«

(The Boxer, Simon and Garfunkel)

Die Lautsprecher des Fernsehers sind eindeutig überfordert. Gezerrt plärren sie die Stellen aus Carmina Burana, die man von der Nestle-Werbung kennt. Die Kamera folgt einem Mann im blauen Glitzermantel. Das heißt, wahrscheinlich ist er blau, denn die Farbe des Gerätes ist so schlecht wie sein Klang. Mag sein, daß die Stimmung in der Düsseldorfer Philipshalle feierlich ist, hier in der Kneipe kommt sie nur lächerlich an. Las Vegas für Arme. Der blaue Mantel vollführt ein paar Luftschwünge mit seinen Fäusten.

Der Mann auf dem besten Platz am Tresen schießt eine Rauchsalve gegen den Monitor und lallt: »Das ist Maske«. Wem er das mitteilt, bleibt unklar. Der Sportkanal bringt Henry Maske nach Prenzlauer Berg. Er boxt im Zigarettenqualm und in schlechten Farben, er kämpft weiter, wenn die Herren vom Tresen sich eine Pinkelpause gönnen. Die Augen des Boxexperten mit dem besten Platz lassen befürchten, daß er den Kampf nicht durchsteht. Sie sind mehr als trübe, und heute abend wird es über neun Runden gehen. Neun Runden, das sind zwölf Bier. Das schafft er nicht.

Maske gewinnt an diesem Aprilabend hunderte Kilometer westlich von der Berliner Kneipe seinen 16. Kampf als Profi. »Es war ein Scheißkampf«, sagt Maske. Sein Gegner, McCarthy, wollte nach Meinung von Trainer Wolke »überhaupt nicht gewinnen, sondern Henry nur schlecht aussehen lassen«. In der 9. Runde wurde der Engländer disqualifiziert. Kein attraktiver Kampf, kein attraktiver Gegner. Doch es war der 16. Sieg im 16.

Profikampf, und Maske hatte endlich geschafft, was er wollte. Am 27. Juni darf er in Berlin gegen den Weltmeister Charles »Prince« Williams um den Titel boxen. Sein größter Wunsch, seit er Profi ist. Dafür hat er die letzten zwei Jahre durchgehalten. Zwei Jahre, die aus dem kühlen Techniker vom Armeesportklub den »Weißen Tiger« aus Frankfurt formen sollten.

Der Trainingsbeginn des Boxers hängt vom Fahrstuhl ab. Maske wohnt in einer Neubausiedlung, er wohnt im 16. Stock. Da gibt es zwar einen hübschen Ausblick, andererseits dauert es ein wenig, bis der Lift da ist. So tippelt der erfolgreichste deutsche Amateurboxer aller Zeiten auf seinen Laufschuhen ungeduldig in einem finsteren Hausflur herum, den seine Nachbarn mittels einiger ausgemusterter, speckiger Sessel und Tischchen vergeblich in eine Art Klubraum umzugestalten versuchten. Die Luft hier oben ist abgestanden, sie wird unten nicht besser.

Der kleine Sportplatz, um den Maske seine Trainingsrunden zieht, liegt an einer stark befahrenen Straße. 40 Minuten lang pumpt sich Maske die Abgase in die Boxerlunge. Er hört die Lkw nicht, er sieht die überquellenden Papierkörbe nicht und nicht die Betonmischer und Schubkarren, die fast auf seiner Laufbahn stehen, er nimmt die Zigarettenreklame nicht zur Kenntnis und bemerkt auch die grauen Neubauten kaum, an denen sie befestigt ist. Die einzigen Farbtupfer in diese triste Kulisse setzen seine bunten Leggins, die er gleichmäßig über den Schotter schleift.

Maske hat sein Training als Profi etwas verändert. Profis boxen zwölf Runden. Er mußte sich die Ruhe antrainieren, die dazu nötig ist. Amateurboxer haben bekanntlich nur drei Runden Zeit, um zu gewinnen. »Du mußt wie ein Motor anspringen, aber auch auf ruhiger Flamme kochen können«, bebildert Maske die neuen Anforderungen. So verlängerte er seine Sparringskämpfe von 15 auf 25 Runden. Aber eines hat sich nicht geändert: Der Profi Maske trainiert nicht weniger ernsthaft, systematisch und planvoll als der Armeesportler Maske. Die Profis, erzählt er, »laufen so lange und so oft, wie sie lustig sind«. Das hält er anders.

Maske hat die Laufmaschine eingeschaltet. 25 Runden arbeitet sie zuverlässig, Runde für Runde. Die Maschine hat kein Auge für die Umgebung. Sie registriert lediglich regelmäßig die Zeit und bläst ab und zu überschüssigen Schnodder aus Maskes Nasenraum. Nach 25 Runden wird sie abgeschaltet, Maske nimmt sich den Puls und hat wieder einen Blick für die Umgebung. »Ein Leichtathlet würde diese Bahn natürlich nie betreten. Aber ich hab nun mal keine bessere.« Die Quittung für diese Einstellung ziert Maskes Knie. Dicke Bandagen. »Sport ist eben gesund«, bemerkt er und hält das offenbar für komisch.

Vielleicht muß ein guter Boxer an einem abgehalfterten Platz trainieren. Vielleicht muß er ständig die Gosse vor Augen haben, um zu siegen. Wir kennen das von Rocky, der sich im Morgengrauen zehn rohe Eier genehmigte, bevor er durch die Slums joggte, um anschließend Schweine- und Rinderhälften im Schlachthof zu beboxen. Wir kennen es aus dem wirklichen Leben von Mike Tyson und Leon Spinks. Doch weder Hollywood noch die Bronx passen auf Ludwigsfelde. Von dort stammt Maske.

Er kommt nicht aus der Gosse und ist eigentlich auch ganz froh darüber. Die Wahrheit ist, daß ein Übungsleiter ihn für talentiert hielt. Seine Mutter machte sich keine Sorgen, und sein Vater benutzt Weisheiten wie: Wer A sagt muß auch B sagen. »Man braucht schon ein starkes Ziel, um ein guter Boxer zu werden. Für die Schwarzen in den Slums ist das eben die Aussicht auf großen Reichtum. Ich mußte mir meine Ziele woanders suchen. Denn reich werden konnte ich als Amateurboxer nicht.«

Maske will gewinnen. Seit ein Schulkumpel den siebenjährigen Henry mit zum Boxtraining schleppte, wollte er nichts anderes als den Sieg. »Ich habe damals nicht an Olympiagold gedacht. Ich wollte der Beste in unserer Trainigsgruppe sein.« Das wurde er. Später der Beste des Bezirkes, des Landes, Europas und schließlich der beste Halbschwergewichtler der Welt. Er wurde Olympiasieger und Weltmeister. Er hat nichts weiter gemacht, als an den nächsten Kampf gedacht. Nebenbei schleppte er ein Sportstudium mit. Aber was ist eine Fünf gegen einen Sieg. Nichts. So wurde er fast zwangsläufig Profi. Von irgend etwas muß der Mensch ja leben.

Maske macht nicht den Fehler, diesen Blödsinn von neuen sportlichen Zielen zu erzählen. Die Versuchung ist groß, schließlich war er Oberleutnant in einem NVA-Klub. Er war ein Botschafter des DDR-Sports. In dieser Funktion hatten »Profis und Amateure einander fremd wie Feuer und Wasser« zu sein. Das hat er gedacht und auch mehrfach ausgesprochen. Wenn man anschließend den Gegenbeweis antritt, sollte man die Rechtfertigung schon im Ärmel haben.

Doch mittlerweile hat Maske zuviel Fettsäcke im Ring erlebt, um noch große Illusionen zu haben. »Der Unterschied zu früher ist, daß ich jetzt abhängig vom Erfolg bin. Ich meine wirklich abhängig.« So achtet er inzwischen darauf, einen Gegner, der ihm nicht gewachsen ist, nicht gleich in der ersten Runde umzulegen. Das ist ihm anfänglich schon mal passiert. Aber die Leute wollen ja was sehen fürs Geld.

Bei den großen Profiboxkämpfen in Düsseldorf oder Berlin sitzen in den ersten Reihen vorzugsweise Herrschaften, die man sich gut in »Miami Vice« vorstellen könnte. Als Drogendealer oder Zuhälter. Hobby-Frank-Sinatras mit dicken Klunkern an den Fingern, figurbetonter Garderobe und Rolex am Handgelenk. Leute, die die 500 Mark für eine Ringkarte übrig haben und dafür Blut sehen wollen. Sie mögen Rocky Roccighiani und Rene Weller. Sie hätten Mike Tyson freigesprochen. Sie stehen auf Glitzermäntel und Orff, den sie aus der Nestle-Werbung kennen, sie haben alle Rocky-Filme gesehen, und sie können es gut leiden, wenn sich die Boxer vor dem Kampf ein wenig anschreien. Es ist ein Hahnenkampfpublikum in gutem Tuch. Wenn es die Illusion hätte, daß es beim Catchen gerecht zugeht, würde es zum Catchen gehen. Die Leute am Ring haben auch nichts dagegen, wenn Boxer dramatische Beinamen tragen. Sizilianischer Hengst, Andalusischer Stier, Schwarzer Bomber oder auch Weißer Tiger. Die ersten drei Reihen sind gut fürs Geschäft. Das weiß auch Henry Maske.

Er ist ein strategischer Boxer. Kein Schläger. Er geht sparsam mit seinen Kräften um. Er baut seine Gegner auf, läßt sie ins Leere laufen. Maske macht es Spaß zuzusehen, wie der Rivale an seinen eigenen Fähigkeiten zweifelt. Am liebsten sind ihm die Kleinen, Bulligen. »Da merkst Du richtig, wie sie die Wut kriegen, wenn ich sie in die Seile rennen lasse. Das ist einfach herrlich.« Maske betrachtet Boxen zum großen Teil als Kopfarbeit. Er redet viel von »Inhaltlichem«, weniger von Kämpferischem. Er kann sich auch über einen Sieg freuen, den er durch kluges Taktieren nach Punkten erzielt. Das unterscheidet ihn von seinem Publikum in den ersten drei Reihen.

Er hat sich geduscht und umgezogen. Maske begreift nicht, wie man Jeans anziehen kann, die Löcher im Knie haben, wo es doch auch welche zu kaufen gibt, die in Ordnung sind. Er schlüpft in die Normalbürgergarderobe: Windjacke, Sommerhose, T-Shirt. Nicht, weil er nicht auffallen will, sondern weil er Normalbürger ist. Er findet das gut so. Seine Wohngegend empfindet er als ausreichend. Er liebt seine Frau, kommt mit seinen Eltern zurecht, grüßt seine Nachbarn, und wenn die Wende nicht gekommen wäre, hätte er in Barcelona noch den Olympiasieg geholt und wäre Trainer geworden. Bestimmt. »Für die Presse bin ich doch langweilig«, faßt es Maske zusammen. »Wenn die mich am Wochenende anrufen und fragen: ›Na Henry, was gibt's Neues?‹, sage ich: ›Ich hab' eben mein Auto gewaschen.‹« Er sagt das nicht, weil er es witzig findet, sondern weil er eben sein Auto gewaschen hat.

Kürzlich war jemand von der BILD-Zeitung da. Maske hat nichts gegen die Boulevardpresse. Allerdings brachte der Mann eine lokale Mißwahlsiegerin mit. Die wiederum hatte einen Bikini dabei, den sie anlegen sollte, um ein wenig mit dem Boxer vor der Kamera zu posieren. »Geht doch klar, Henry?« zwinkerte der BILD-Mann rhetorisch. Henry nahm ihn zur Seite und flüsterte ihm ins Ohr: »Du fährst sie jetzt nach Hause, entschuldigst Dich bei ihr, ansonsten rede ich kein Wort mehr.« Dann wandte er sich wieder dem Punchingball zu. Maske weiß, daß er Kompromisse machen muß. Aber das ging ihm dann doch zu weit. Die Begründung ist so überraschend wie naheliegend: »Ich wollte keinen Ärger mit meiner Frau haben.« Weiße Tiger sind nicht treu.

Maske führt mich in seine Frankfurter Lieblingsoase. Da sei er oft, um zu entspannen. Er nennt es Park. Ein wenig übertrieben für ein Flecken Grün mit Teich, Enten und ein paar Plastiken zwischen Neubausiedlung und Industriegebiet. Über die Baumwipfel hinweg schauen einem Hochhäuser auf den Kopf. Man kann schlecht vergessen, wo man sich befindet. Was nun wieder typisch für Maske ist. Er liebt es nicht abzuheben. Zielstrebig steuert er auf eine kleine Bronzeplastik zu, die zwei kämpfende Ziegenböcke darstellt. Wahrscheinlich hält er es für eine gute Idee, sich daneben fotografieren zu lassen. Es würde in sein Denkkonzept passen. Wir lassen es.

An unserer Bank zieht eine Schulklasse vorbei. Die Lehrerin kichert verlegen und scheucht die Kinder weg. Sie hat Maske erkannt. Es gibt nicht viele Stars in Frankfurt an der Oder. Maske schaut sich auf die Hände. Seine Hauptwerkzeuge sind überraschend klein. Nur die Knöchel sind leicht aufgescheuert. Aber Boxer erkennt man ohnehin eher an der Nase. Auch Maske. Natürlich wachsen seine Brauen fast in die Augenhöhlen, wie das so üblich ist. »Damit kann ich leben. Das ist nur oberflächlich«, behauptet er. Er redet offenbar nicht gern darüber. Denn nun sagt er doch ein paar reichlich dumme Sätze: »Wo gehobelt wird, fallen Späne«, fällt ihm ein. Und: »Lieber ein blaues Auge als ein Messer im Rücken.« Dann redet er von van Damme. Er mag seine Filme und erzählt auch gleich einen. »Also, der macht auf Kick-Boxen...«

Er hat schon recht, man hält Boxer im allgemeinen für etwas bescheuert. Wahrscheinlich weil sie soviel auf die Birne kriegen. Oder weil Schläger in der Regel nicht sonderlich helle sind. Wenn einer zwei, drei zusammenhängende Sätze sprechen kann, hält man das schon für bemerkenswert. Maske hat das oft zu spüren bekommen. Er sieht es in den Augen seiner Gesprächspartner. Das ärgert ihn. »Beim 100-Meter-Läufer käme keiner auf die Idee, sich zu wundern, daß er denken kann. Oder

Fußballer. Da rennen elf Mann einem Ball hinterher. Was gehört denn da an Geist dazu. Nur beim Boxer ist jedem klar, daß er doof sein muß.« Maske ist Boris Becker regelrecht dankbar für seine Stammel-Interviews. »Ich find' das sympathisch. Er gibt sich keine besondere Mühe, belesen zu erscheinen. Wozu auch. Er ist Tennisspieler. Und Tennisspielen kann er.«

Maske kann auch reden. So, wie er es gelernt hat. Jahrelang haben Funktionäre und Trainer an ihm rumgefeilt, bis er eine leidliche sozialistische Sportlerpersönlichkeit abgab. Solche Sportlerpersönlichkeiten mußten jederzeit druckreife Statements zum Weltfrieden abspulen können, die jüngsten Abrüstungsvorschläge der Sowjetunion sollte man schon drauf haben, ein paar nette Worte zum Heimatort, und auch die Erschütterung über die Armengebiete in den westlichen Großstädten, die man ja berufsmäßig bereisen durfte, sollte halbwegs echt rüberkommen. Es gab ein paar, die das ganz gut brachten, und welche mit weniger rhetorischen Fähigkeiten. Bernd Stange konnte man reden lassen, Kristin Otto, Katharina Witt mit Abstrichen, Udo Beyer konnte reden, Andreas Thom weniger, Frank-Peter Roetsch war sehr gut. Maske ging auch. So klingen seine Bemerkungen heute noch immer ein wenig wie aus einem Telefoninterview im Sportecho. Etwas steif und vor allem druckreif. Er stopft seine Sätze mit Substantiven voll, daß es nur so kracht.

Dabei sollte er doch locker bleiben. Locker, locker, lokker. Er kann es nicht. Die sozialistische Sportlerpersönlichkeit und der gute Mensch Maske haben sich verbündet und rebellieren gemeinsam gegen den boxenden Entertainer, der verlangt wird. Nie würde er im Ring, beim Wiegen oder im Interview einen Gegner anschreien. Für ihn ist das Geblöke nicht nur unsportlich, sondern auch unlogisch und ein Zeichen von Schwäche und Unsicherheit. Gut, er fängt an, im Ring ein paar ungelenke Mätzchen vorzuführen, und macht für den Fotografen schon mal den bösen Blick. Im Unterschied zu den professionellen Box-Unterhaltungskünstlern kommt sich Maske dabei immer noch vor wie ein Hampelmann. Er erzählt auch, daß er »jetzt mehr Akzente setzen und Höhepunkte in den Kampf einbauen muß, damit die Leute am Ring nicht einschlafen«. Aber auch das klingt wie auswendig gelernt. Er braucht diesen Schnickschnack nicht. Er gibt sich Mühe, damit die liebe Seele Ruh' hat.

Die Boxveranstalter und Headliner müssen geahnt haben, daß Maske ziemlich normal ist. Deshalb haben sie sich den »Weißen Tiger« einfallen lassen. Sie haben nicht geahnt, wie schlimm es wirklich steht. Wenn jemand kein Tiger ist, dann Henry Maske. Er kann einfach nicht brüllen. So hat dann folgerichtig der gute Mensch den Tiger gefressen. Doch die Presse ist flexibel. Sie hat den »Gentleman im Ring« kreiert. Damit kann auch Maske leben. Der will sowieso »dem Profiboxsport das schlechte Image nehmen«. So, wie es früher einmal war. Max Schmeling zum Beispiel genießt ja durchaus Anerkennung im deutschen Wohnzimmer. Da will Maske hin. Weg vom Kneipenmief und der Milieu-Atmosphäre.

Maske verabschiedet sich, geht zu seinem Neubaublock und klingelt an der Wechselsprechanlage. Er hat leider den Schlüssel vergessen, was ihn ärgert, weil so seine Frau rennen muß. Während er wartet, ordnet er seine Windjacke, deren Bund am Rücken etwas verrutscht ist. So richtig paßt auch der Gentleman nicht. Nachbar – das wär's. Der freundliche, junge Mann von nebenan wird Weltmeister. Genau. Dann würden vielleicht sogar die deutschen Hausfrauen den Wecker stellen, wenn Henry Maske boxt. Oder noch besser: Sie würden die ersten drei Reihen blockieren.

Juni 1992

»Wir haben die Zwillingsnummer doch ganz gut rübergebracht«

Ein halbes Jahr nach dem Abschied von den Berliner Regierungssesseln ist kaum zu glauben, daß Walter Momper und Tino Schwierzina jemals funktionierten

»Ach, es ist schon ein schönes Gefühl, diese Stadt zu regieren.« *(Walter Momper)*

»Das schöne an meiner neuen Aufgabe ist, daß ich meine Frau oft mitnehmen kann.« *(Tino Schwierzina)*

In Moskau wäre sie fast geplatzt. Einen Moment lang sah es so aus. Es geschah auf einer rustikalen Empore in einem kühlen, russischen Kulturhaus. Es war im November 1990, draußen war es bitterkalt.

Walter Momper und Tino Schwierzina gaben zum Ende ihres dreitägigen Moskaubesuchs einen Empfang für die russische Polit- und Kulturschickeria. Der Ausklang von drei Tagen Moskau als internationalistische Geste der Berliner Sozialdemokratie. Der letzte Kick zum sicher geglaubten Wahlsieg. Zu diesem Zweck standen sie beide auf der Empore. Zu diesem Zweck redete Walter Momper.

Das Buffet wirkte einladend, die Gäste schienen hungrig und durstig. Sie warteten auf den Startschuß, die Positionskämpfe waren im Gange. Momper wußte, daß er sich kurz fassen mußte, zumal sein Nebenmann auch noch ein paar Worte an die ungeduldige Meute richten wollte. Schwierzina hatte ihm bislang seine Show und schweigend den Vortritt gelassen. Momper schritt drei Tage lang über rote Teppiche, schüttelte Hände, hielt Ansprachen. Er war *der* Mann aus Berlin. Schwierzina war zugegen und schwieg. Heute, am letzten Abend, schien er ein paar Worte zu beanspruchen. Er zappelte und räusperte sich. Da tat es Momper.

»Bevor Herr Schwierzina zu ihnen spricht«, erklärte er und wartete auf die Übersetzung, »eröffne ich das Buffet.« Ein gnadenloser Satz.

Es ist nur eine kleine Geschichte, die schon über ein halbes Jahr zurückliegt. Es lohnte nicht, sie zu erzählen, wenn sie nicht erhellen würde, wie Politik funktioniert. Es ist die Geschichte von zwei Männern, die auserkoren wurden, die Einheit zu symbolisieren. Kohl und de Maizière gingen schlecht, Lafontaine und Thierse taugten nur bedingt zum Medienpaar. Momper und Schwierzina dagegen schienen aus einem Holz zu sein. Männer, die ein Bier vertragen. Männer, die nie vergessen werden, was ein Pfund Butter kostet.

Die Gemeinsamkeiten waren gering genug. Im Grunde genommen bestanden sie in einem Grinsen. Die gewaltigen Lippen breiten sich spöttisch in der unteren Gesichtshälfte aus, die Warze wackelt, die Augen verschwinden unter der nie enden wollenden Stirnpartie. Ein Grinsen zum Anlehnen. Breit, zufrieden und ehrlich. Das Mompergrinsen.

Ein Grinsen, das Machthunger und Intellekt vorzüglich zu tarnen verstand. Momper begab sich damit hinunter zu Schwierzina. Und alle dachten, sie wären gleich. Man konnte die Unterschiede auch schlecht erkennen, weil das Scheinwerferlicht blendete. Jetzt, da die beiden im Dunkeln stehen, sieht man sie deutlich. Wenn man sie heute besucht, fällt es schwer zu glauben, daß sie einst ein Paar abgaben. Der Abschied von der Macht ließ die Seifenblase platzen. Momper und Schwierzina einzeln und im Dunkeln haben nichts gemein.

»Viel warm heute«, stöhnt Momper und hängt sein Jackett ordentlich über die Stuhllehne. Sein Büro im Kurt-Schumacher-Haus ist klein, weiß und schmucklos. Die Sitzecke muß noch raus und die Bilder ran. Der Kumpel Momper nähert sich. Im kurzärmligen, weißen Campinghemd. Er hat das repräsentative Büro im Schöneberger Rathaus zwischenzeitlich mit der SPD-Bude im Wedding tauschen müssen. Er hat die Fotos vom Schöneberger Kaminsims geklaubt, darunter jenes gerngezeigte, auf dem er neben dem amerikanischen Präsidenten George Bush lächelt. Sie liegen in einer Kiste in seiner Kreuzberger Wohnung. Im bescheidenen Amtszimmer des SPD-Landesvorsitzenden gibt's keinen Kaminsims. Durch die Fenster des 4. Stockwerks fluten

Sonnenlicht und der Verkehrslärm der vielbefahrenen Müllerstraße. Das Zimmer sieht aus, als wäre sein Bewohner bereit, im nächsten Augenblick auszuziehen. Momper läßt sich Zeit mit der Innenarchitektur. Er ist bereit. Jederzeit.

»Ich hab' schon eine gute Zeit gehabt«, seufzt Momper und spielt gedankenverloren mit einer antiken SPD-Sammelbüchse. Eine gute Zeit ist untertrieben. Eine Traumkarriere hatte er. Vom unbekannten Kommunalpolitiker startete er in kürzester Zeit zum heißgehandelten Kanzlerkandidaten durch. Als die Mauer fiel, wehte der rote Schal in allen Gassen. Die Nation kannte ihn. Ach was, die Welt. »Die CNN-Leute haben mir mal gesagt«, erinnert sich Momper an bessere Tage, »mit meiner Popularität würde ich jede Senatorenwahl in Amerika gewinnen.« Die Erinnerung treibt ihm die Mundwinkel in die Breite. Nur kurz. Niemand vergißt schneller als Amerika.

Es ging ziemlich schnell. Momper begriff zeitgleich zum Erfolg, daß er das Zeug zum Erfolg hat. Vielleicht auch erst einen Augenblick später. Mit dieser plötzlichen Erkenntnis konnte er wohl nicht so richtig umgehen. Der Rausch machte leichtsinnig. Und Momper fiel. Die Ratten verließen ihn. Ihr »Politstar«, »Liebling Kreuzberg«, war plötzlich Despot und Tyrann. Später gar nichts mehr.

»Natürlich hat auch das Medieninteresse nachgelassen«, brummelt Momper, »und mit ihm die Möglichkeit zur Selbstdarstellung.« Selbstdarstellung. Heute muß er es erklären, zwei Jahre lang konnte er es tun. In glücklichen Momenten war er wirklich brillant. Die Talkshowgäste lagen ihm zu Füßen. Es gab Zeiten, da mußte er vier Interviewwünsche am Tag ablehnen. Heute ist er auf Zuruf zu bekommen. »Dit is nu mal so«, erklärt Momper.

Mompers Zwilling aus besseren Zeiten bekommt man noch schneller vors Diktiergerät. Es sei denn, man legt Wert auf einen Abendtermin. Da ist er jetzt oft unterwegs.

Bereits zu seinen Zeiten als Oberbürgermeister sollen seine Parteifreunde gerätselt haben: »Was machen wir nur mit dem Tino nach der Vereinigung?« Tatsächlich bot sich Tino Schwierzina, allerorts als sonniges Gemüt bekannt, nicht direkt für ein bestimmtes politisches Amt an. Während die ungeübten Ostberliner Parlamentarier sich in der Schlammschlacht übten, saß everybody's darling Schwierzina still und vergnügt in seinem Oberbürgermeisterstuhl oder streifte durch die Reihen der Opposition, um freundschaftlich mit dem politischen Gegner zu plaudern. Nie wurde er ausfallend, nie wurde er laut. Keine Gemeinheiten, keine Demagogie. Somit eigentlich kein Fall für die Politik. Dennoch verwies er mit einer erstaunlichen Hartnäckigkeit immer wieder darauf, sich nicht so bald aufs »politische Altenteil« zurückziehen zu wollen. »Ich werde da arbeiten, wo die Partei mich braucht«, verkündete er. Die Frage war nur, ob und vor allem wo. Schließlich wurde ihm der Stuhl des Vizepräsidenten des Abgeordnetenhauses präsentiert. Eine geradezu geniale Lösung.

Büroseitig ist er damit an Momper vorbeigezogen. Ein Platz auf der Galerie des Schöneberger Rathauses. Tiefe Teppiche, hohe Räume, anhaltende Ruhe und die Teeküche um die Ecke. Was zum Ausspannen. Nicht mit Tino Schwierzina. »Ich betrachte jedes Amt als politische Herausforderung.« Zunächst schleppte er die Satzungen des Abgeordnetenhauses mit auf den heimischen Nachttisch, dann seine ehrwürdigen Aktenberge aus dem Roten Rathaus ins Schöneberger Domizil. »Ich lese gern Akten.« Schließlich nervt er seine Kollegen auf der Repräsentationsebene ausdauernd mit der Stechuhr. »Ich schließe hier morgens auf und abends wieder zu.« Wenn der Job keine Ansprüche stellt, entwirft man welche.

Sein ernsthaftestes Problem scheint derzeit seine Figur zu sein. Wenn er das Jackett ablegt, wird die Dramatik der Situation augenscheinlich. Ein Repräsentantenschicksal. Empfänge, Galas, Premieren, Bälle. Die größeren Gelage stellen für Tino Schwierzina inzwischen keine Gefahr mehr dar. »Wissen Sie, ich bewege dann immer Gabel und Messer ein wenig, als würde ich essen.« Schlimm sind die Stehempfänge. Die harmlos scheinenden Häppchen und Schnittchen. »Da schaffen sie sechs bis acht spielend in einer halben Stunde, ohne zu wissen, was sie tun«, stöhnt der Vizepräsident und schaut ein wenig besorgt an sich herunter. Es hat auch sein Gutes. Er kann mitreden. »Am besten essen sie bei den französischen Besatzern, am lustigsten bei den Amerikanern«, urteilt der Fachmann.

Längst nicht mehr beschränkt sich seine Kenntnis aufs Kulinarische. Als Ehrengast zahlreicher Wettkämpfe kann er auch im Sportgespräch mithalten. »Ich weiß auch nicht, warum die denken, ich sei so sportinteressiert.« Er hat die Rennsaison in Hoppegarten eröffnet, war kürzlich bei einem Polovergleich junger reicher Amerikaner zugegen und fiebert der American Football-Begegnung zwischen Denver und Chicago im Berliner Olympiastadion entgegen. Sein Herz gehört den Chicago Bears. »Die schicken mir immer sämtliche Prospekte«, erklärt er und zieht schniefend einen Stapel bunter Hochglanzbroschüren aus dem Schreibtischfach. »Hier, hier und hier!« Auch die kleine Nachbildung eines Football-Kopfschutzes, die seinen schweren Schreibtisch ziert, schickten die Bears. Und wahrscheinlich geht's auf deren Einladung noch in diesem Jahr übern Großen Teich. Zum Englischlernen. »Die Sprache«, sagt der Vizepräsident, »ist wie ein Vogel, sie fliegt weg und kommt zurück.« So hat er es jedenfalls gesagt.

Der Alltag von Momper ist grauer. Abteilungssitzung, Plenum, mal ein Wohngebietsfest. Momper ist ein Arbeitstier. Schon vor seiner Zeit als Regierender galt er als außerordentlich kompetenter Parlamentarier. Er hat in nahezu allen Ausschüssen gearbeitet. »Ich lasse mich eben nicht gern überraschen«, kommentiert er.

So treffen sich die einstigen Zwillinge nur noch selten. Die Interessenlage ist etwas auseinandergedriftet. In dieser Woche geschah es dann aber doch fast. Bei einer Feierstunde, während der Wolfgang Völz, der Volksmime, das Bundesverdienstkreuz angeheftet bekam. Das macht zwar Diepgen, doch Völz wollte Momper gern dabeihaben. Da ließ sich der Ex-Regierende nicht lumpen.

Während der Rathausdiener bereits den Sektkarren in Diepgens Dienstzimmer schiebt, ist Momper noch auf dem Weg von einer Kulturausschußsitzung. Fünf Minuten vor seiner Ehrung trifft Volksschauspieler Völz in der Halle ein. Er breitet die Arme aus und brüllt durchs Schöneberger Rathaus: »Tino. Nein, Tino!« Richtig, da schlendert der Vizepräsident über die Galerie. Er wirft sich in die ausgebreiteten Arme von Völz. »Wolfgang.« Er könne leider nicht dabeisein, aber er freue sich außerordentlich. Als Völz im Regierungszimmer verschwunden ist, erklärt Schwierzina beiläufig: »Ein alter Freund, der Wolfgang. Aber da mit reingehen, in die Höhle des Löwen, nein. Nicht mit mir.« Er schnalzt sich einen Essenrest aus den Backenzähnen und meint: »Das machen wir heute abend aus bei einem Bier.« Wenn es irgend geht, meidet Schwierzina die Auseinandersetzung.

Zuletzt huscht Walter Momper in die »Höhle des Löwen«. Als er wieder rauskommt, hat er ein Glas Champagner geleert und keineswegs schlechte Laune. Keine Wehmut beim Blick aufs Kaminsims? »Ach wissen Sie, ich kenn' das Zimmer ja«, erklärt er gelassen. »Nur das Adenauerporträt ist neu«, grinst er, »aber wenigstens hat er den Reuter hängenlassen.«

Es gäbe wohl nichts Befriedigenderes für Momper, als den Adenauer wieder rauszuschmeißen. Das aber geht im Augenblick nur über Diepgens Leiche. Er versucht, auf die Füße zu kommen, indem er erklärt, er könne mit der neuen, unpopulären Situation gut leben. »Neid? Nö«, lautet die These, und die Argumentation scheint flüssig. »Ich hab' immer gewußt, daß die Macht nur geliehen ist. Und der Wähler ist launisch. Außerdem war ich zu kurz dran, um nun wirklich zu verzweifeln. Natürlich entfernt man sich zwangsläufig von den Leuten auf der Straße. Aber ich bin inzwischen wieder in der Realität angekommen. Ich hab keine Anpassungsprobleme.« Auf die Füße zu kommen heißt für Momper nichts anderes, als zur Spitze zurückzukehren. Manchmal steht er in Abgeordnetenhaussitzungen plötzlich auf und starrt abwesend aus dem Fenster. Man tuschelt bereits, daß er womöglich durchgedreht sei, der Walter. Doch Momper sieht nach vorn. Nur nach vorn.

Schwierzina dagegen gönnt sich den Blick zurück durchaus. Er denke gern an die alten Zeiten und was sie da so angestellt hätten, sie Amateurpolitiker. »Ich nenne es immer das Jahr der Einmaligkeiten.« An die einmalige Zeit erinnert nicht mehr soviel. Aber der Kalender in Schwierzinas Arbeitszimmer schon. Freudig nimmt er ihn von der Wand, legt ihn behutsam auf seinen Schreibtisch und blättert zur Januarseite zurück. Er schiebt sich die Halbschalenbrille zurecht und zeigt auf einen kleinen Punkt. Das Kalenderfoto zeigt den Checkpoint Charlie aus einiger Entfernung. Vor ihm sitzen ein paar Männer in Anzügen. Kleine schwarze bis dunkelblaue Flecken. Genscher ist an der Kopfform zu erkennen, Schwierzina kaum. »Ja, da sitze ich«, sagt er zu sich. »Na, jedenfalls hebe ich mir den Kalender auf. Damit meine Enkel auch stolz sein können auf ihren Opa.«

Kürzlich waren die beiden noch mal in Moskau. Bei ihrer ersten Reise hatte sie ein Bus voll Journalisten begleitet. Diesmal flogen sie allein. Zur anschließenden Pressekonferenz erschien ein knappes Dutzend Interessierte. Zwei verließen während der Veranstaltung den Saal, drei warteten auf einen späteren Termin, die junge Frau neben mir erklärte: »Wir nehmen dpa. Wenn überhaupt.« Zwei Journalisten stellten Fragen. Nach einer halben Stunde war der Spuk vorbei. Der nette junge Mann, der Momper begleitete, erklärte: »Die kürzesten Pressekonferenzen sind die besten.« Walter Momper blinzelte miesepetrig. Kein Grinsen. Die Demütigungen des Alltags. Kein Bock, sein Talent zur Selbstdarstellung aufblitzen zu lassen. Nur Schwierzina saß aufgeräumt wie immer im Präsidium. Eine Pressekonferenz ist besser als keine Pressekonferenz. Bereitwillig beantwortete er die spöttische Frage nach dem Briefumschlag, den er nach der Reise in Diepgens Vorzimmer ablieferte. »Das war eine Einladung des Moskauer Oberbürgermeisters an Eberhard Diepgen. Das mach ich doch gern, wo die Post so lange braucht«, erklärte der Luftpostbote gutgelaunt. Momper sagte nichts. Sein Anzug war so zerknittert wie sein Gesicht. Zu Diepgen kann er nichts sagen, da verliert er zu leicht die Selbstbeherrschung. Er muß ruhig bleiben auf dem Weg nach oben. Ruhig, Walter.

»Sachlich« nennt er sein Verhältnis zum smarten Seitenscheitel. Ein »Sachlich«, das so vernichtend sein kann wie ein »Nett«, wenn es von den richtigen Leuten mit der richtigen Betonung ausgesprochen wird. Dann kommen die Standards, die bringt er gelassen. Er bewundere an Diepgen die Fähigkeit, jeden Hauptsatz mit sieben Nebensätzen wieder einzukassieren. »Sprachanalytisch durchaus interessant. Der Nachteil ist nur, daß man gewöhnlich nicht weiß, was meint der Mann denn nun.« Auch für die Wählerentscheidung empfindet Momper Verständnis. »Viele waren verunsichert. Vor allem die älteren Menschen. Da kam der Schwiegersohn gerade richtig.«

Es nutzt ihm nichts. Diepgen schüttelte Hände, als Berlin gegen Bonn gewann. Momper bleibt die »Genugtuung, in dieser Frage auf der richtigen Seite der Geschichte gestanden zu haben. Schon immer.« Schließlich habe er ja bereits im vorigen Jahr in Bonn für Berlin gekämpft. Die Sony-Entscheidung sei auch von ihm eingeleitet worden. Man spürt, wie ihm das weh tut. Und er weiß, daß er das nicht sagen darf. Ebensowenig wie ein betrogener Ehemann seinen Nebenbuhler schlechtmachen sollte. Sie reden sich um Kopf und Kragen und wissen es.

Und so holt sich Momper immer wieder ein. Redet souverän auf der abstrakten Ebene, nimmt zurück, verallgemeinert klug und klagt im Konkreten wie ein Waschweib. »Es ist eben der historische Zufall, der Diepgen hilft«, beherrscht er das Tier in sich. »Da kann man nichts machen.« Er weiß, daß er jetzt nicht den Besserwisser raushängen lassen darf. »Ich kann im Augenblick natürlich nicht als äußerer Kritiker des Senats auftreten.« In einer wöchentlichen Kolumne der BILD-Zeitung tritt er diese Erkenntnis mit Füßen, indem er dem Senat seit kurzem weise Ratschläge erteilt. Er kommt da nicht raus, aber das macht wohl auch nichts. Eberhard Diepgen hat sich in seiner vergleichsweise kurzen Oppositionszeit weit peinlichere und kleinkariertere Ausfälle geleistet. Nur eben das tröstet Momper nun überhaupt nicht.

Wenn er eins nicht will, dann ist es, an Diepgen gemessen zu werden. Der schlimmste Vorwurf, der ihn je traf, ist der eines Mitgenossen: »Momper und Diepgen können nicht miteinander. Das ist wie in der Physik. Gleiche Pole stoßen sich ab.«

Tino Schwierzina hat keine Probleme damit. Er ist nicht wie Diepgen. Für ihn ist der rechte Platz der, an dem er gebraucht wird beziehungsweise gebraucht zu werden glaubt. Mit Karriere kann er nicht viel anfangen. Kein Wunder bei einem Mann, der von seinem Rosenbeet direkt in den Oberbürgermeistersessel katapultiert wurde. An die Szene auf der Empore in Moskau erinnert er sich noch. »Ja, ja. Das ist auch anderen aufgefallen. Aber was soll's. So war der Walter eben. Warum soll ich mich da aufregen.«

Momper weiß nicht mehr so richtig. »Wahrscheinlich stand ich irgendwie unter Druck. Ich glaub', irgend so ein Oberbonze aus dem Außenministerium wollte mit mir reden. Oder war er aus der russischen Regierung, na ja. Jedenfalls stand ich unter Druck.«

Sie sind wie Feuer und Wasser. Wie konnte man sie nur Zwillinge nennen? Haben wir Momper etwa all die peinlichen Eisenbahnerauftritte auf Berliner Bahnhöfen abgenommen? Am merkwürdigsten ist wohl die nachzulesende Vermutung, Momper und Schwierzina hätten sich nach einem Wahlsieg um die Bürgermeisterkrone gestritten. Im Dunkeln platzt die Seifenblase. »Die Politik braucht Symbolik«, erklärt Momper. »Ich denke, wir haben die Zwillingsnummer gut rübergebracht.« Wir ist gut. Eine Zwillingsnummer war es nur für Walter Momper. Tino Schwierzina nämlich glaubt heute noch: »Es war ein unwahrscheinliches Glück für Berlin, daß es uns beide gab.«

Wenn jemand irgendwann zurückkommen sollte, wird es Walter Momper sein. Er wird allein kommen.

Juli 1991

Die Einsamkeit des Langstreckenschwimmers

Vom Europameister zum Pförtner – der Fall des Frank Pfütze

Niemand wird mehr erfahren, was er in den knapp 16 Minuten gedacht hat. Vielleicht war es gar nichts Bedeutendes. Er war ja erst 15 Jahre alt. Vielleicht hat er an seine Kumpel gedacht, vielleicht an die Belohnung seines Vaters. Bestimmt an seine Kräfte, ans Durchhalten, ans Ziel. Auf den letzten Metern dann vielleicht auch an die Nationalhymne. Wer weiß? Jedenfalls hat er immer ein Geheimnis daraus gemacht. Nicht den Reportern und auch seinem Vater nicht, der ihn gelöchert hat, verriet er die Gedanken auf der wichtigsten langen Strecke seines Lebens. Er blieb stur. »Was vorbei ist, ist vorbei«, soll er gesagt haben.

»Guck Dir das an«, schreit Peter Pfütze seine Frau an, die neben ihm auf dem Sofa sitzt und genau wie er auf den Fernseher starrt. »Guck Dir das bloß an!« Die braunen Augen des Mannes tanzen, Schweißperlen treten auf die hohe Stirn. Sein Sohn, der Frank, hat eben zum führenden Briten James Carter aufgeschlossen. 700 Meter waren bis dahin geschwommen im Europameisterschaftsfinale über 1500 Meter Freistil in Wien 1975. »Es ist erst die Hälfte«, hämmert es im Kopf des Vaters. »Erst die Hälfte. Er wird schon wieder zurückfallen wie über die 400-Meter-Distanz, wo er zu schnell angeschwommen und dann eingebrochen war«, murmelt er. Doch sein Sohn fällt nicht mehr zurück. Im Gegenteil. Er schwimmt an Carter vorbei und neuen Europarekord. Er ist 15 Jahre alt. Es ist der größte sportliche Erfolg bis zum Ende seiner Karriere.

Am Morgen des 20. Januar 1991 bekam Frank Pfütze plötzlich heftige Rückenschmerzen. Er hatte so etwas öfter. Erst zwei Tage zuvor hatte ihm sein ehemaliger Sportarzt eine Blockierung in der Wirbelsäule gelöst.

»Vielleicht kommt's vom Regal, das Du eben aufgehängt hast«, beschwichtigte ihn seine Frau. Doch die Schmerzen waren schlimmer diesmal, und Pfütze beschloß, gleich einmal zum Arzt rüberzufahren. Er zog sich die Jacke über, griff sein SV-Buch, beruhigte seine Frau ein wenig, stieg in seinen Wartburg und fuhr zur Charité. Er kam nur noch bis zur Anmeldung. Plötzlich brach der große, breite, schwere Mann zusammen. Er muß sofort tot gewesen sein. Eine Stunde lang mühten sich die Ärzte, das Sportlerherz wieder zum Schlagen zu bringen. Dann gaben sie auf. Eine Woche zuvor war Pfütze 32 Jahre alt geworden.

Das Herz ist nicht übernatürlich groß gewesen, eher zu klein für ein Schwimmerherz, stellte der Pathologe später fest. Ein Blutgerinnsel brachte es zum Stehen. Das kann, so der Arzt, verschiedene Ursachen haben. Sogar psychische. Eine Variante, an die sich Familie Pfütze klammert. Vor allem der Vater hält einen Kummertod seines Sohnes nicht für ausgeschlossen.

Peter Pfütze hat viel Zeit, darüber nachzudenken. Seit einem Jahr ist der 57jährige arbeitslos. Die Fotos und die vergilbten Zeitungsausschnitte, die er mir bitter über den Tisch schiebt, hat er allerdings seit dem Tod seines Sohnes nicht mehr angeschaut.

Am schlechten Abtrainieren, meint er, kann es nicht gelegen haben. Da hätte Frank schon bei den Langstreckenschwimmen, die er bestritten hat, aus den Latschen kippen müssen, argumentiert der Vater. »Und Doping, das war doch damals noch gar nicht so sehr verbreitet«, glaubt er zu wissen. Nun ja. Beim Doping spricht, mit Ausnahmen, ohnehin jeder für sich allein.

Rainer Strohbach beispielsweise, der oft mit Frank Pfütze geschwommen ist, hält das so. »Ich weiß nicht, wie das bei Frank war. Aber natürlich gab's leistungsstimulierende Mittel. Ich allerdings konnte die nie nehmen, weil ich einmal eine schwere Gelbsucht hatte. Da waren die Mediziner offenbar vorsichtig. Ich hab' das nicht bereut. Vielleicht bin ich deshalb manchmal hinterhergeschwommen. Aber ich wußte immer, daß es meine Kraft ist, die mich ans Ziel bringt.«

Kaum vorstellbar, daß der traurige Mann mit den leeren Augen, der Franks Vater heute ist, einmal einer der schärfsten Antreiber seines Sohnes gewesen sein soll. Mit sechs hat er ihn zu Dynamo gebracht. Zunächst zum Fußball, was zwar dem Sohn Spaß machte, dem Vater allerdings wenig erfolgversprechend schien. Vielleicht hätte er drüberweggesehen. Wenn nicht ein Schwimmtrainer dem neunjährigen Pfütze ein außerordentliches Kraultalent bescheinigt hätte. Da war's um Peter Pfütze geschehen. Von nun an war er Wachs in den Händen der Trainer, die mit dem Ehrgeiz der Eltern ihrer Schützlinge umzugehen wissen. »Wir haben Frank damit manchmal schon fast aufgezogen«, erinnert sich Pfützes Olympiastaffelkamerad Rainer Strohbach. »Fast zu jedem Wettkampf und auch beim Training war der Vater dabei. Immer mit zwei Stoppuhren auf dem dicken Bauch.« Peter Pfütze begann sich langsam seine Dienstreisen nach dem Terminkalender seines Sohnes zusammenzustellen. Nicht mal im bulgarischen Höhentrainingslager war man vor ihm sicher.

»Dem Frank hat's immer ein bißchen an Ehrgeiz gefehlt«, stellt der Vater fest, und eine Spur des strengen pädagogischen Glanzes kehrt in seine stumpfen Augen zurück. »Das habe ich eben versucht auszugleichen.« Mit Versprechen und Drohungen. Vielleicht verging seinem Sohn darob ein wenig die Lust, sich im Gegenstromkanal zu schinden (»Das ist ein Gefühl, als würdest Du ertrinken«). Und auch um 24 Kilometer am Tag schwimmend durchzustehen, braucht man ja eine gewisse Motivation.

Jedenfalls schwamm er seinem Wiener Überraschungserfolg immer ein wenig hinterher. Er räumte bei DDR-Meisterschaften regelmäßig Medaillen ab, wurde Dritter bei Welt- und Europameisterschaften und ganz am Ende seiner Karriere mit der Kraulstaffel in Moskau Vize-Olympiasieger. Aber ganz oben auf dem Podest stand er bei internationalen Meisterschaften nie wieder.

Auch in der Zeit nach dem Sport ging es nicht bergauf. Manche haben das geschafft. Rainer Strohbach zum Beispiel ist offenbar zeitig genug in die Versicherungsbranche eingestiegen und geschickt genug, um in ihr erfolgreich zu sein. Mittlerweile ist er Vertriebsdirektor, was immer das heißen mag, und sein Telefon klingelt pausenlos. 1980 in Moskau sprang er zum letzten Mal gemeinsam mit Frank Pfütze ins Wasser. Sie holten Silber und verloren sich darauf ein wenig aus den Augen. Der Ernst des Lebens stand an. Und der hieß zunächst Abitur.

»Ich bin eigentlich ziemlich sicher«, gesteht Strohbach, »daß ich nie mein Abitur gemacht hätte, wenn ich nicht Leistungssportler gewesen wäre.« Eigentlich wollte er Kfz-Schlosser werden. Aber das verbot der Name des Spiels. »Es ging darum, daß ein Spitzensportler unbedingt auch ein Spitzenschüler sein mußte. Völliger Schwachsinn. Aber ein Olympiasieger, der, sagen wir mal, Maurer werden wollte, paßte einfach nicht ins Bild.«

Es war die Zeit, in der Frank Pfütze begann, seinen Maßstab zu verlieren. Die Stoppuhr war weg und auch der Mann, der neben ihm schwamm. Wenn man täglich sieben Stunden die Badehose trägt, bleibt nicht mehr viel Zeit fürs Lernen. Pfütze bekam Einzelunterricht bis zum Abitur. Und er hatte sich entschieden, wenn schon, dann nicht Sport zu studieren, wie alle. Die Möglichkeit hatte er ja. Journalistik sollte es sein. Und niemand, bis auf seine Deutschlehrerin, versuchte es ihm auszureden. Eine letzte Gelegenheit schaffte sein Vater bei einem Gläschen Sekt während der Abiturfeier. Er bat die Lehrer, doch mal ganz ehrlich auszupacken, was ein Sportschulenabitur tatsächlich wert sei. »Ich wollte nicht, daß mein Junge sich blamiert.« Die Lehrer haben ihm das leider nicht erspart. Viel später erst begriff Frank Pfütze, was sein Schwimmkumpel Strohbach meinte. Und bereute es, nicht Handwerker geworden zu sein. Es war ein bitterer Weg dorthin.

Einmal, nach einer Vorlesung in Leipzig, nahm er mich in seinem Trabant mit nach Berlin. Wir unterhielten uns über Schwimmen. Wir sprachen eigentlich fast immer über Schwimmen. Oder über San Francisco, wo er einmal gewesen war und ich immer hinwollte. Es war nicht seine Art aufzuschneiden, er wollte mitreden. Es war, soweit ich das weiß, auch nicht seine Art, seine Privilegien auszunutzen. Und dennoch mußte er es tun. Er schaffte es beispielsweise, nach einigen unglücklichen Anfangsseminaren vom Russischunterricht an der Universität befreit zu werden. Das war sonst nahezu unmöglich, und nicht wenige beneideten ihn um diese Freistellung. Schließlich schaffte er nach einigen verhauenen Prüfungen auch den Sprung ins rettende Fernstudium und letztlich auch das Diplom. Es war gleichsam der Sprung aus der selbstgewählten Konfrontation mit der Realität zurück in den Schoß der Unantastbarkeit. Sein alter Sportklub Dynamo hatte ihm eine Dienststellung als Offizier für Öffentlichkeitsarbeit in Aussicht gestellt.

Die zwei Jahre in Leipzig müssen ihn hart getroffen haben. Ein Mann, der zeitweise in seinem Job die Nummer eins in Europa und über lange Jahre der Beste der DDR war, rutschte plötzlich, in einem anderen Job, weit unters Mittelmaß ab. Nicht jeder ist ein Wolfgang Nordwig. Frank Pfütze jedenfalls war es nicht. Seine Frau Heike denkt, daß ihm mehr das Praktische lag. Sein Vater meint, ihm fehlte der Ehrgeiz zu lernen.

Im übrigen hat mich Frank während der Autofahrt auch beiläufig gefragt, ob ich in den Westen abhauen würde. Ich habe das vorsichtshalber entschieden verneint. Nicht nur, weil ich ohnehin nicht die Absicht hatte.

»Warten Sie mal, irgendwo muß ich sogar noch seinen Dienstausweis haben.« Karl-Heinz Lüftner aus der Dynamo-Abwicklungsgruppe wühlt im Panzerschrank. Lüftner residiert mit einer Handvoll Leuten in ein paar kleinen Zimmerchen im ehemaligen Bürohaus der SV Dynamo in Hohenschönhausen. Sie haben die kärglichen Reste des mächtigsten Sportvereins des Landes abzuwickeln und zuletzt dann sich selbst. Lüftner hatte früher mit Frank Pfütze in einer Hauptabteilung gearbeitet. Er als Politoffizier, Pfütze als Presseoffizier. »Sehen Sie, da ist er. Ordnung ist das halbe Leben«, grunzt er und präsentiert mir ein schmales, in abgegriffenes Leder gehülltes Klappkärtchen.

Kommissar Pfütze trägt eine breite gestreifte Krawatte und lacht mich an. »Er war ein Grüner. Wie ich auch. Aber wenn sie draußen sagen, sie kommen von Dynamo, denken alle, sie waren bei der Stasi. Das ist's, was mich ärgert«, versichert der ehemalige Polizei-Major Lüftner. Pfützes Ausweis ist bis zum 31.12.1991 gültig.

Viel ist nicht herauszubekommen über seine späte Zeit bei Dynamo. Er hat Journalisten betreut, für die Zeitung Dynamo-Sport gemuggt, für den BFC fotografiert, und er ist ein paarmal angeeckt. »Einmal«, erzählt Lüftner, »hat er irgend jemand erzählt, daß er vorhat, Vizepräsident des Schwimmverbandes zu werden. So was sagte man besser nicht öffentlich.« Pfütze brachte es eine Disziplinarstrafe. Offenbar wollten die dickbäuchigen Dynamo-Funktionäre Pfütze deutlich machen, daß seine sportlichen Meriten hier keinen Wert mehr haben. Sein Vater weiß noch von einem Glückwunschtelegramm an den sowjetischen Bruderverein, das sieben orthographische Fehler aufwies und von seinem Sohn deshalb nicht weggeschickt wurde. Pfütze setzte ein neues Telegramm auf. Allerdings trug das alte bereits Mielkes Unterschrift. Auch das brachte Frank keine Pluspunkte.

Das Zimmer ist klein und dunkel. Schmuddlige Gardinen hindern die Sonne am Eindringen. Es gibt ein paar verschlissene Sessel, die nicht zusammenpassen, und als Luxus einen Farbfernseher, auf dem man nur noch zwei Programme abrufen kann. Natürlich gibt es mehrere Telefone mit vielen bunten Knöpfen und eine Plexiglasscheibe mit einem kleinen metallenen Sprechsieb drin. Hier war Frank Pfützes letzter Arbeitsplatz.

Als der Gigant Dynamo auseinanderbröckelte, ergriffen einige die Flucht. Andere blieben. Viele versuchte man als Pförtner unterzubringen. Einer von ihnen war Frank Pfütze. Er saß pflichtbewußt seine 12 Stunden ab. Viel zu tun war nicht. Er rauchte, trank Cola, dümpelte und aß. Er nahm schrecklich zu in dieser Zeit. Sein Freund Rainer Strohbach war geschockt, als er ihn einmal besuchte. »Er hing im Sessel, stierte lustlos vor sich hin und war aufgegangen wie ein Pfannkuchen.« Strohbach bemühte sich, den Freund ins Versicherungsgeschäft einzubeziehen. Doch das war offensichtlich nicht Pfützes Sache. »Er war einfach nicht wendig genug.«

Karl-Heinz Lüftner hat so manchen Dienst mit Pfütze geschoben. Das war in der Regel nicht besonders unterhaltsam. »Da saß nun dieser lange Kerl den ganzen Tag im Sessel und muffelte. Mensch, ich bin 50, ich hätte Grund gehabt zu resignieren, aber Frank doch nicht. Der war doch noch jung. Ich glaube, er hatte sich aufgegeben.« Ab und zu, erinnert sich Lüftner, habe Pfütze ein paar Andeutungen gemacht, daß er was zu laufen habe. Konkret wurde er nie. Dann kam der Tag, als er auch noch den Pförtnerstuhl einbüßte. »Ich mußte ihm damals das Schreiben übergeben, daß er mit Wirkung vom 1. Januar '91 in den Wartestand versetzt wird«, erinnert sich Lüftner. »Das erwartet uns ja alle früher oder später. Und das haben wir doch eigentlich auch die ganze Zeit gewußt.« Frank Pfütze notierte auf dem Schreiben: »Nicht einverstanden« und kam nie wieder.

»Ja, das hat ihn damals sehr geärgert, das mit dem Brief«, erzählt seine Witwe. »Da kam noch mal alles so richtig hoch. Ich glaub', er fühlte sich ziemlich im Stich gelassen in dem Moment.« Frau Pfütze wuselt durch die Wohnung, macht uns Kaffee, holt den dreijährigen Robert von der Toilette ab. Der Junge hat das Ganze noch nicht so richtig begriffen. Er lauscht, worüber wir uns unterhalten, legt den Kopf schief und ruft: »Stimmt's, unsa Pappi is Schwimma?«, nickt bestätigend mit dem Kopf und verschwindet in Richtung Kinderzimmer, um mir gleich darauf sein nächstes Spielzeug zu präsentieren. Aber auch seine Mutter rutscht ab und an noch in die Gegenwartsform, wenn sie von ihrem Mann spricht, beißt sich auf die Lippen und korrigiert sich tapfer.

Nicht nur der Sohn, der seinem Vater wie aus dem Gesicht geschnitten ist, die Pokale, die auf der Schrankwand posieren, die halbfertige Wohnung, in die sie gerade umgezogen waren, die nicht angebauten Lampen – alles erinnert an Pfütze. Was soll sie jetzt mit der großen Wohnung. Sie im übrigen sei der Beweis dafür, daß er sich nicht habe hängenlassen in den letzten Wochen. Ein Aquarium hat er in die Wand eingebaut, neue Möbel aufgestellt, Fußboden verlegt, gebohrt, gestemmt, gewerkelt. »Er hatte ja goldene Hände, der Frank. Vielleicht hatte er ja doch recht mit dem Handwerkerberuf.«

Gerade in letzter Zeit muß er oft daran gedacht haben. »Aber er hat's auch ständig bei der Polizei versucht. Beim Diestel beispielsweise.« Dessen persönlicher Referent hatte Frank Pfütze versprochen, einen Job bei seinem Herrn zu besorgen, sobald dieser Regierungschef oder zumindest Innenminister Brandenburgs ist. Beides schlug bekanntlich fehl. »Trotzdem hat der Frank große Stücke auf den Diestel gehalten. Bei dem weiß man wenigstens, woran man ist, hat er gesagt«, erinnert sich Heike Pfütze. Er hätte schon noch irgend was gefunden, ist sie sich sicher. »Und es wäre ja erstmal auch so gegangen. Schließlich hab' ich ja Arbeit.«

Robert kommt mit dem nächsten Auto. Er soll kein Leistungssportler werden. Das war auch Franks Wunsch. Wegen der Gesundheit. Seine Rückenprobleme nämlich, da war er sich sicher, hat er vom Schwimmen. »Und so dick wäre er wohl auch nicht geworden«, fügt Heike Pfütze hinzu. »Er war zum Schluß wirklich ziemlich dick. Aber das ist ja jetzt auch egal.«

Es spricht schon einiges für die Theorie seines Vaters. Zum Schluß ist alles um ihn herum weggebrochen. Sein Vater wurde arbeitslos, sein Klub brach zusammen, nichts zählte mehr, seine Freunde rotierten, er konnte sich aus seinem Phlegma nicht befreien. Er hat sie garantiert gehaßt, diese Pförtnerbude, und es traf ihn dennoch, als man sie ihm nahm. Er konnte mit den vielen guten Ratschlägen nichts anfangen. So richtig hatte er nicht zu leben gelernt. Er hatte es treiben lassen.

Es begann wohl damit, daß er ein Talent war. Im Schwimmen. Er hatte ein optimales spezifisches Körpergewicht, sagen die Fachleute. Lag wie eine Feder auf dem Wasser. Ohne etwas dafür zu tun. Es hat ihm nicht mehr viel genutzt auf dem Trockenen.

Der psychische Druck des Langstreckenschwimmers ist weit geringer als der des Sprinters. Er kann auf der Strecke bequem aufholen, was er beim Start verpaßt hat. Beim Training allerdings ist es ziemlich monoton. Man schwimmt und schwimmt und schwimmt. Einsam. Ohne Ziel. »Sicher«, meint Rainer Strohbach, »wenn man überhaupt auf einer Strecke nachdenken kann, dann sind's die 1500 Meter. Doch eigentlich denkt man da nur an den Gegner.« Wer weiß?

Als Frank Pfütze noch in Leipzig studierte, bemühte ihn ein DDR-Sportredakteur als Beleg für folgende Aussage: »Sie machen alle ihren Weg. In welche Sportart man auch schaut. Asse, die sich einst im Kampf um Meter und Sekunden bewährten, stehen auch später ihren Mann. Daß der Sport sie mit dem nötigen charakterlichen Rüstzeug dafür versah, versteht sich von selbst.« Roger Pyttel (Delphin) ist Vertreter für Sportartikel, Jörg Woithe (Freistil) ist Exklusivvertreter für eine Sportartikelfirma, Rainer Fischbach (Freistil) ist Vertriebsdirektor für Versicherungen, Frank Pfütze (Freistil) wird in zehn Tagen beerdigt.

(Ich danke Heike Pfütze und Peter Pfütze für ihre Bereitschaft, mit mir zu sprechen.)

März 1991

DT64

Sisyphus auf dem Weg zu den Rolling Stones

Mit Michael Schiewack leitet ein Verrückter einen Jugendsender

In der Musikredaktion hängen zwei Poster von Keith Richard, dem Älteren. Freudvoll zerbombte Gesichter. Schiewack dürfte sie kennen, vielleicht hat er auf das Antlitz hingearbeitet. Zunächst unbewußt, als die brutale Zeit ihm die ersten Kerben ins Gesicht schlug. Die Zeiten wurden nicht besser, die Kerben tiefer. Schiewack raucht zuviel und schläft zuwenig. Doch den Keith Richard wird er nie hinkriegen. Der Stones-Gitarrist trägt nämlich zwei Eiswürfel im Gesicht, dort, wo andere Augen haben. Bei Schiewack sitzen da flackernde Irrlichter. Wirre, hastige Augen. Wenn man lange genug in sie hineinsieht, glaubt man, was die Kollegen so über ihren Chef erzählen. Einiges zumindest.

So war das eigentlich nicht gedacht mit der Nalepastraße. In Adlershof streicht der Sensenmann durchs Gelände, bei den Rummelsburger Radiomachern aber werden die Parkplätze wieder knapp. Jetzt steht schon mal ein Porsche dabei, doch auch immer noch Trabis. Die Brandenburger Pioniere vom ORB beziehen einen renovierten Block, Jürgen Karney hastet für den privatisierten Berliner Rundfunk mit gutfrisierten Maßanzugträgern über die Flure, und auch beim Deutschlandsender Kultur brennt noch Licht. Das pralle Leben bei den Totgesagten. Nach wie vor rumpelt auch der herrliche Paternoster in die fünfte Etage. Dorthin, wo Jugendradio DT64 sitzt. Die Nachrichtenlage ist bekannt. Der Kultsender durfte nicht sterben. Die Straßenkämpfer der Republik ertrotzten ihm weitere Gnadenfristen. Einen Monat für Berlin-Brandenburg, ein halbes Jahr für Sachsen, Thüringen und Sachsen-Anhalt. Vorerst. Die Kids aus Chemnitz, Gera und Rathenow beförderten nebenbei auch gleich einen Chefredakteur zum Wellenchef.

Der Mann heißt Michael Schiewack. Manche nennen ihn Mischko. Seine Freunde nennen ihn so und die, die einmal seine Freunde waren.

Die berühmte Sitzecke für vertrauliche Gespräche steht noch in Schiewacks Arbeitszimmer. Unmögliche gelbe Sessel, die mit Krümelstoff bezogen sind. Die Schrankwand überlebte ebenso wie die Beleuchtung. Dennoch hat Schiewack das Zimmer umgekrempelt. Mit wenigen Handgriffen hat er geschafft, wozu andere Möbelträger benötigen. Er hat eine Grafik aufgehängt, eine Metallstaffelei in die Raummitte gestellt, an die Seite einen HiFi-Turm und hinten, in eine Ecke, einen Krückstock. Wahrscheinlich hat er die Wände weißen lassen, und natürlich ist die Schreibtischlampe neu. So kommt es, daß er nicht deplaziert wirkt wie so viele Neuleiter, deren Seidenkrawatten zwischen Knitterstores und wuchtigen Schrankwänden baumeln. In dieser Umgebung kann es sich Schiewack sogar leisten, Cowboystiefel und einen Dreitagebart zu tragen und die Lederhosen so hochzuziehen, wie es höher nicht geht.

»Acht Prozent«, sagt Schiewack und meint die aktuelle Einschaltquote seines Senders. »Acht Prozent, ist doch irre, nicht?« In der Regel erwartet der Mann keine Antwort, wenn er eine Frage stellt. Er redet einfach weiter. »Acht Prozent allein in Berlin. Jetzt können die ihr Scheißargument, wir würden nur in Sachsen gehört, wegstecken. Mann, vor einem Jahr hatten wir in Ost-Berlin fünf Prozent und in West-Berlin lächerliche 0,9, und jetzt in Gesamtberlin acht. Und alles ohne Moneyman und einen Pfennig Investitionen. Im Gegenteil, wir sind ausgeblutet und besser geworden. Das ist die Power von der Eastside.«

Es ist nicht so, daß er sich selbst unterbricht. »Beim Pförtner steht ein Mann mit einem Konzept für ein Kulturradio«, erklärt der Kopf der Sekretärin, der im Türspalt steckt. Schiewack kichert albern. »Was soll das? Wir brauchen kein Konzept.«

Schiewack träumt einen wahnwitzigen Traum. Er will der Menschheit etwas geben. Er will etwas hinterlassen von sich. Spuren und Zeichen. Wahrscheinlich hat das mit seiner Vergangenheit zu tun. Die dunkel in Hoyerswerda dämmert, in FDJ-Singeklubs. Es hat mit den Schlägen zu tun, die seine Seele bekam. Von Denunzianten und Funktionären, die ihn aus dem Lande trieben, und der Einsamkeit auf Kreuzberger Hinterhöfen. Schläge, die er als Erfahrungen deutet. Er würde diesen Drang Samariter-Ding nennen oder Faust-Masche. Wenn er ihn eingestehen würde, was er nicht tut.

Als Michael Schiewack 1990 den Chefsessel bei DT64 bezog, war das eine Rückkehr. Fast genau zehn Jahre zuvor hatte man den jungen, ideensprühenden Redakteur als »Antikommunisten und Konterrevolutionär« vom Rundfunkhof gejagt. Schiewack hatte vieles nicht eingesehen und war dann letztlich über einen Beitrag gestolpert. »Das kam von ganz oben«, zuckten mitfühlende Kollegen beim Abschied mit den Schultern und machten weiter. Wie das eben so war. Damals, 1980, hatte Schiewack nicht vor wegzugehen. Er versuchte es noch ein paar Jahre beim Henschelverlag, bis er auch dort auffiel und aufgab. »Ich machte das Ausreiseding.« Es führte ihn nach Kreuzberg, wo er zunächst »viel gelesen, einen Goldfischteich angelegt und mit türkischen Kindern auf einem Hinterhof Kaninchen gezüchtet« hat. Später drehte er in einer Medienwerkstatt kleine Videofilme. Bis die Wende kam.

Er hat sich nicht beworben. Freunde haben sich erinnert. »So einen wie dich bräuchten wir jetzt«, sollen sie gesagt haben. Schiewack hat es geglaubt. Er hatte keinerlei Erfahrung als Leiter und jahrelang keine Rundfunkarbeit mehr gemacht. Alles, was er mitbrachte, war ein fadenscheiniger Mantel aus Selbstbewußtsein und Selbstüberschätzung, den er über seine Narben gelegt hatte. Der Mantel hält. »Ich«, sagt Schiewack heute, »war der einzig richtige Mann für diesen Posten.«

Die meisten hielten den langbeinigen, unrasierten Typen mit der angeschimmelten Lockenmähne für einen abgefuckten Kreuzberger Spinner. Seine Sprüche waren danach. »Ihr habt immer noch Euer Ideologieding drauf«, »linkes Radio ist Ausgrenzungsradio«, »abgeschlaffte Nostalgiker« speiend, wirbelte er über die Flure. Er stieß die Redakteure vor den Kopf, die guten und die schlechten. Er verdrosch sie heute und streichelte sie morgen.

So hält er es immer noch. Denn Schiewack ist unvernünftig. Er zählt nicht bis zehn, bevor er spricht. Jeder vernünftige Mensch tut das, wenn er logisch sein will und nicht albern. Schiewacks Gedanken aber haben keine Muße, sich zu ordnen. Sie wollen raus. Noch im Entstehen poltern sie ihm auf die Zunge. So kommt es, daß er Schwachsinn erzählt. Er widerspricht sich pausenlos, sagt eben dies und nun das. Der Ideenvulkan in seinem Kopf hat entscheidende Nachteile. Schiewack kann nicht zuhören, und er merkt nicht, wenn er seine Gesprächspartner schlimmer verletzt, als es gut ist. Der Mann produziert sich Feinde am laufenden Band.

DT64 wurde nicht Kultsender, weil es die letzte Bastion der Ostkinder ist. Jedenfalls nicht nur deshalb. Unter 102,6 kann man gute und andere Rockmusik hören, freche Moderatoren, wütende Diskussionen und interessante Meinungen, vor allem muß man sich nicht nerven lassen von ewig gutgelaunten Muntermachern und aufgekratzten Geldmännern, man weiß nicht vorher, was an der Chartsspitze steht, und kann auch die Wunschhits nicht problemlos erraten. Es ist eben kein Dudelradio. Nur in einem haben wir uns wohl getäuscht. Jugendradio ist nicht die Faust. Nie saß in den Studios und Redaktionszimmern eine eingeschworene, eisern zusammenhaltende Mannschaft. Einer für alle, alle für einen ist nicht. Nicht vor der Wende, nicht danach und auch nicht, als die rührigen Fans des Senders zu Tausenden auf die Straße gingen. DT64, das sind Individualisten, mehr oder weniger feinnervig, mehr oder weniger sensibel, mehr oder weniger ehrgeizig. In Bewährungssituationen pflegen solche Mischungen gelegentlich zu explodieren. Der Druck der drohenden Abschaltung war eine Bewährungssituation. Das war Schiewacks Problem. Denn er ist selber feinnervig, sensibel und ehrgeizig.

Redakteur Dietmar Ringel nahm Urlaub, weil er die geladene Atmosphäre nicht mehr ertragen konnte. Andreas Ulrich hüpfte von einem Fanklubtreffen zum nächsten und nagelte die gutbesoldeten Angebote von MDR und Antenne Brandenburg im entfernten Hinterkopf fest. Lutz Bertram verabschiedete sich gewohnt schnoddrig von seiner Hörergemeinde. »Lieber ein Ende mit Schrecken als ein Schrecken ohne Ende. Ein allerletztes Tschö.« Die kleine Senderatte verließ das vermeintlich sinkende Schiff. Silke Hasselmann schuftete für den Sender, bis sie erschöpft umkippte. Andere erarbeiteten bereits Sendekonzepte für ihre künftigen Arbeitgeber, manche kündigten diese neuen Sendungen schon auf dem alten Sender an. Wieder andere konnten nicht mehr schlafen. Ronald Galenza zum Beispiel, der Indifreak von DT64, wachte so lange, bis er beim Rockradio B zuschlug. »Ich konnte diese beschissene Ungewißheit einfach nicht mehr ertragen.«

Marion Brasch wiederum schlief erst wieder ruhig, als sie sich fürs Dableiben entschieden hatte. »Es war das Herz. Da waren die Angebote von anderen Sendern, und dann waren da die Leute, die für uns auf der Straße standen. Ich war hin- und hergerissen. Dann habe ich daran gedacht, ob ich jemals woanders soviel Spaß habe, und plötzlich war alles so sonnenklar.« Lutz Schramm, einer der erfahrensten Musikredakteure, vermißte, daß man ihn ansprach. Schiewack hatte ihn oft in den Bauch geboxt, und nun wollte er, daß Schiewack ihn bittet, doch dazubleiben. Zumindest sagt er das heute.

Schiewack hatte keine Zeit, Seelen zu streicheln. Er befand sich in Trance. Trotz aller Sprüche war ihm wohl irgendwie klar, daß am 31. Dezember endgültig Schluß ist. Dann meldete sich der Mitteldeutsche Rundfunk mit einem Übernahmeangebot, und er schien es ernst zu nehmen. Er wunderte sich, daß manche Leute nicht mehr zur Arbeit kamen, und merkte dann, daß sie bereits weg waren. Er hetzte mit Karteikarten durch die Räume, »um die Basis abzufragen«. Er versprach nichts. Aber er mußte wissen, mit wem er rechnen kann, wenn's weitergeht. Er sprach an, wen er traf. Die, die er nicht traf, nahmen ihm übel, daß er sie nicht angesprochen hatte. Schramm zum Beispiel. Schiewack merkte von alldem nichts. Er sah nur, wie die »deadline« am Horizont verblaßte. Er wußte, daß sie es schaffen würden. Was heißt sie, *er* würde es schaffen. Zum ersten Mal in seinem Leben würde er einen richtigen großen Erfolg feiern. Er kämpfte bis zum Umfallen, und auch er konnte nicht schlafen. Und dann schlug kurz vor Silvester der Blitz aus Brandenburg ein. Man konnte auch in Berlin weitergehört werden. Schiewack holte Sekt und Bier auf den Sender. Und alles war gut. DT64 lebte, er lebte.

»Manchmal hat Schiewack gesagt, er sei DT64«, erinnert sich Roland Schneider. Schneider war stellvertretender Chefredakteur unter Schiewack. Er ging, weil er »die Herrschaftsallüren nicht mehr aushalten konnte«. Er ist zu Rockradio B gewechselt. Genau wie Silke Hasselmann, die das traurige, zehnköpfige Team leitet. »Wenn ich einen Satz über ihn sagen sollte, dann den«, sammelt sich Silke Hasselmann: »Er tut mir leid.« Was sie nicht sagt, ist, daß sie sich wohl auch ein wenig selber leid tut. Denn sie liebt den Sender, den sie verlassen hat. Sie hat dort gekämpft. Vor der Wende und danach. Sie liebt ihn bestimmt anders, als Schiewack ihn liebt. Beide reden von Kooperation und machen das Gegenteil. Sie sind sich zu ähnlich.

Schiewacks alter Mercedes wartet auf dem Parkplatz. Es ist halb zehn, und der graue Wolf sitzt auf der Brükke des Senders neben dem Fernschreiber. Er raucht filterlose Lucky Strikes. Was sonst. Er ist allein. Und einen Augenblick lang denke ich, daß vielleicht niemand auf ihn wartet, außer seinem Mercedes. Doch jedes Medium bläst diesen Eindruck aus. Ein potentieller Gesprächspartner zündet das Licht in den müden Augen wieder an. Ich bin da, und Schiewack kann reden. Er spricht über die Vergangenheit eines Widerstandskämpfers. Er hat zwar an der Humboldt-Uni studiert, aber natürlich »im liberalsten Bereich, den es im Osten gab«. Bei Bloch-Schülern und Dozenten mit »zwei Jahren Parteistrafe Narva, Band«. Vier WK(Wissenschaftlicher Kommunismus)-Assistenten habe man da pro Studienjahr verschlissen, so war das damals. Dann ist er zu »Hallo« gegangen, dem Jugendjournal beim Rundfunk.

»Natürlich«, erinnert sich Schiewack, »hab' ich da mehr Rockmusik gemacht als ›Messe der Meister von morgen‹.« Mehr sagt er nicht, und den Rest kennen wir.

Schiewack, sagen die Leute, die ihn von früher kennen, war immer unbequem. Er hat das Maul aufgemacht und es sich oft verbrannt. Er war ehrlich. Und wenn er heute eine andere Meinung vertritt als gestern, dann hat er heute eine andere Meinung als gestern. Selbst seine Gegner gestehen ihm zu, in der Zeit bei DT gereift zu sein. »Er hat gelernt, daß er es nicht mit Idioten zu tun hat«, sagt Silke Hasselmann. »Er nimmt uns ernster«, sagt Marion Brasch. »Und wenn er uns ernst nimmt, nehmen wir ihn auch ernst.« Dietmar Ringel, Schiewacks unmittelbarer Vorgänger, erklärt: »Er ist einigen Opportunisten am Sender ins offene Messer gelaufen. Aber eigentlich spricht das ja für ihn.«

Schiewack hat sich warmgeredet. Die Augen springen, quellen und drohen aus den Höhlen zu platzen. Der Zeigefinger der nichtrauchenden Hand stößt wieder und wieder vor die Brust des Zuhörenden. Die grauen Locken tanzen, die Lederbeine wippen. Zeit für Sprüche. Zeit, vom »Wir« zum »Die« überzugehen, wenn er über die Sendemannschaft spricht. »Was ich ihnen wirklich vorwerfe, ist, daß sie Gisela Steineckert für eine Schriftstellerin halten.« Es bringt einen zum Lachen, wenn man aber genau darüber nachdenkt, taugt es nicht viel. Was er »ihnen« ansonsten noch wirklich vorwirft, ist, »daß die nie begriffen haben, daß sie hier nicht im Oppositionskeller gearbeitet haben, sondern im Hauptquartier der Diktatoren«. Und, »daß sie nie Kontakt zu den Kids im Prenzlauer Berg hatten. Die haben nämlich Revolution gemacht. Und nicht die Intellektuellen.« Ansonsten ist er nicht nachtragend. Vielmehr sei er, lacht Schiewack, »der größte Ossi, der hier rumläuft«. Dann entwirft er Pläne von einem supermodernen Radio, teilt die Berliner Rundfunklandschaft in die, die eine Chance haben (RTL, DT und Radio Energy), und die, die keine haben, schwärmt von dem Superteam, das bei DT zusammengewachsen sei, erzählt, daß die Moderatoren künftig stehen müßten, statt zu sitzen, wegen der Spannkraft. Er ist verrückt. Es ist halb elf geworden.

Auf der Autofahrt sei ihm noch etwas eingefallen, erzählt er mir am nächsten Tag. Wie das manchmal so sei. Ein Spruch aus einem Buch, das er gelesen hat, als er ganz unten war. Damals im Osten. »Sisyphus ist ein glücklicher Mensch«, zitiert er sinngemäß, »er ist nicht doof. Er weiß, daß der Stein immer wieder runterrollt. Für ihn ist die Hauptsache, daß er rollt, verstehst du.« Ich verstehe gar nichts. Und Schiewack ergänzt: »Womit wir wieder bei den Rolling Stones wären.« Ich weiß nicht, was er damit sagen wollte. Aber ich glaube, er hat recht: Schiewack ist wirklich der beste Chef, den ich mir für DT64 vorstellen kann. Er ist verrückt, verletzlich und ehrlich. Wer könnte das von seinem Chefredakteur behaupten.

Januar 1992

Der Schnapsbrenner tanzte auf allen Revolutionen

Über Schilkin, der sich ständig drehte und dabei nie zum Wendehals wurde

»Es ist ja in allen Systemen so gewesen, daß man von der Hoffnungslosigkeit seines Tuns überzeugt war und trotzdem munter weitergemacht hat.«

(Sergej Schilkin, 1992)

Nun, es verhält sich mit dem Wodka nicht viel anders als mit anderen Köstlichkeiten, deren Rezeptur niemand verraten will. Die Wahrheit ist, es gibt kein Geheimnis. Wodka ist Wodka. Man filtert Äthanol, das man zuvor aus Getreide oder Kartoffeln gewonnen hat, über Aktivkohle, bis der stechende Fuselgeschmack verflogen ist. Wodka muß neutral schmecken. Rein und mild. Das ist alles. Den Rest bilden sich die Trinker ein, weil man einen Grashalm in ihre Flasche getan hat oder weil ihnen das Etikett so gut gefällt. Oder sie lassen sich von einer Geschichte einlullen, die die Schnapsbrenner zu ihrem Wodka erzählen. Die besten Geschichten sind die, die sich ganz nah um die Wirklichkeit ranken und sie ab und zu streifen.

Apollon Federowitsch machte sich Sorgen. Diese Bolschewiki! Und Serjoscha, sein Jüngster, wollte nicht mehr essen. Eigentlich kein Wunder, jetzt, da nur noch Salzfisch und Linsen auf den Tisch kamen. Apollon hatte mit Natalja, seiner Frau, schon mehrfach darüber beraten, wegzugehen aus St. Petersburg. Er hatte ein beruhigendes Auslandsguthaben auf einer Londoner Bank und eine Adresse in Nizza, wo sie unterkommen konnten. Beides hatte er vor vier Jahren organisiert, kurz bevor sie den Zaren gestürzt hatten, diese Vandalen. Doch seine Frau, Natalja, sie war Russin. Moskowiterin zwar, aber Russin. Er kriegte sie nicht mit dem Zaren rum, aber mit Serjoscha, dem Söhnchen, konnte er sie pak-

Klarer
Klarer
Klarer

ken. Serjoscha fiel zunehmend vom Fleische. Die Versorgungslage war schlecht in St. Petersburg. So kam es, daß die Familie im Frühling 1921 ihre Koffer packte, um das unwirtliche Rußland zu verlassen. Apollon Federowitsch, Natalja, Wadim Apollonowitsch, der andere Sohn, sowie Sergej, der nicht mehr essen wollte. Sergej war der einzige, der viel später noch einmal zurückkommen sollte. Der Rest der Familie Schilkin sah Rußland nie wieder.

»Mein Vater war anerkannter Wodkalieferant des Zaren«, lächelt der Geschichtenerzähler. Die milchigen, dicken Brillengläser des 76jährigen Mannes schotten seine Augen weitgehend vor prüfenden Blicken ab. Sie sehen groß aus und ruhig, sie verraten nichts vom Wahrheitsgehalt der Wodkageschichte. Sergej Schilkin, Serjoscha, ist alt geworden. Er brennt seit Jahrzehnten Schnaps in Berlin-Kaulsdorf. Er hat den Sozialismus überstanden und geht die Marktwirtschaft an. Dazu braucht er die alten Geschichten. »Als der Zar verjagt war, ging unser Wodkageschäft in St. Petersburg den Bach runter. Doch mein Vater hatte das Rezept. Das Rezept des Zarenwodkas. Als wir 1921 aus Rußland flohen, nahmen wir es mit. Ich höchstpersönlich schmuggelte es in meinem Kinderrucksack über die Grenze.« Schilkin war damals fünf Jahre alt. Er gibt vor, sich an alles haargenau erinnern zu können. An die Zarenzeit, die Große Sozialistische Oktoberrevolution und an die Flucht. »Es war im April«, sagt Schilkin, »die Wiesen waren grün, und die Birken blühten, diese russischen Birken.«

Apollon Schilkin hatte der Familie schwedische Pässe besorgt. Sie fuhren mit dem Zug nach Reval, das heute Tallinn heißt, setzten dann mit dem Schiff nach Riga über, bevor sie der Schnellzug nach Berlin brachte, von wo aus sie nach Nizza weiterreisen wollten. Doch in Berlin fragte ein Freund der Familie plötzlich: »Was, in Gottes Namen, willst du in Nizza, Apollon Federowitsch?« Der alte Schilkin wußte keine Antwort. Man kaufte ein schönes, großes Haus in Karlshorst, in dessen Wohnzimmer Apollon ein Ölporträt von Nikolai II. hängte, dem letzten russischen Zaren. Sie hielten sich von den Russen fern und wurden deutsche Staatsbürger. Die Kinder lernten an Berliner Schulen, und 1932 wurde in Berlin-Kaulsdorf die A & N Schilkin Likörfabrik gegründet. A für Apollon und N für Natalja.

»Dima, mein Bruder, sollte die Firma später übernehmen, ich sollte Naturwissenschaften studieren und Gesellschafter des Unternehmens werden. So hatte es mein Vater geplant, und so wurde es gemacht«, grinst Schilkin, sich bewußt, daß die Geschichte selbst dem energischsten russischen Familienvater zuweilen in die Parade fährt.

Schilkin kreuzt zufrieden die Arme über der Brust, so daß sich sein etwas enges, lindgrünes Jackett nach oben schiebt, wo es nun nutzlose Beulen bildet. Hinter ihnen hat der Geschäftsführer Schilkin in einer häßlichen dunklen Schrankwand aufgebaut, was sein Unternehmen dem Konkurrenzkampf entgegenhalten soll. Buntbeklebte Flaschen verschiedener Formen und Größen, die mit Blaubeerlikör, Curaçao Blue und Red, mit Korn, Klarem, Kirsch, Rumverschnitt und Weinbrand gefüllt sind. Billigware. Im Augenblick scheint das die einzige Überlebenschance zu sein, da keine der großen Handelsketten einsehen will, daß aus dem billigen Osten nun unbedingt hochwertiger, teurer Schnaps kommen muß.

Der vorzüglich schlechte »Goldbrand«, früher hierzulande auch als »Vierzehnfuffzich« bekannt, wird auch schon für 7,35 Mark vor die Säue geworfen. Das wurmt den alten Geschichtenerzähler.

Ganz oben im Regal trotzt seine Hoffnung. Sie ist in eine patentierte Doppelzwiebelturmflasche gehüllt und heißt »Serschin Wodka Silber«. Schilkin will sie zu einem Markenprodukt aufbauen. Er hat einen Werbespot produzieren lassen, der in dem Ausruf gipfelt: Es lebe der Zar! Und auf dem Rücken der Zwiebelturmflasche ist zu lesen: »Die Schilkin KG hatte ihren Ursprung im zaristischen St. Petersburg...« Das hätte Apollon getröstet.

Der alte Schilkin starb 1944. Dima, der eigentlich die Firma übernehmen sollte, fiel am letzten Kriegstag in

Berlin. Sergej überlebte den Krieg im Reichsforschungsrat für spezielle Aufgaben. Als ausgezeichneter Schweißspezialist sollte er mithelfen, die Wunderwaffe der Nazis fertigzustellen. Davon hat Schilkin den Russen wenig später natürlich nichts erzählt. Schließlich wollte er von ihnen Sprit zugeteilt bekommen, um die Kaulsdorfer Likörfabrik, die er nun notgedrungen leiten mußte, nach Kriegsende wieder in Gang zu kriegen. Er bekam ihn. Nicht nur das, er bekam ihn als erster Spirituosenfabrikant im Osten Berlins überhaupt. Weiß der Teufel, wie er das hinbekommen hat. Jedenfalls wurde in Kaulsdorf wieder Schnaps gebrannt, der damals neben Zigaretten als stabilste Währung galt. Schilkin erschloß sich über seine Produkte das Wohlwollen aller wichtigen Leute in der Stadt.

»Es lief fast zu gut, um wahr zu sein«, freut sich der Erzähler und prüft kurz den Sitz seiner rotgeäderten Nase. Sie scheint in Ordnung zu sein. Schilkin liebt den Wodka. »Es gibt nichts Schöneres als den leichten, reinen Alkoholgeschmack, der über dem Wodka liegt«, sagt er. Er liebt die Trinkgewohnheiten der Russen. Hundert Gramm gehen in ein Glas, und das ist gut so.

Im Betrieb wird nie getrunken. Das hielt zu DDR-Zeiten die Funktionäre fern und die Disziplin zusammen. Wer bei Schilkin trinkt, fliegt. Das galt damals und gilt heute. Nur daß heute auch fliegt, wer nicht trinkt. Von 180 Mitarbeitern auf 80 hat Schilkin die Belegschaft verkleinert. Es waren viele Leute dabei, die dem Betrieb jahrelang die Treue gehalten hatten. »Anders«, sagt der alte Schnapsbrenner, »geht es nicht. Wir haben jetzt Marktwirtschaft und nicht mehr Sozialismus. Und wir wollen überleben. Ich bin jetzt eben Kapitalist.« Er lächelt. Schilkin ist ein Mensch, der mit Übeln zu leben gelernt hat. Er hat seinen Humor dabei nicht verloren und auch nicht sein Herz. Jetzt ist er eben Kapitalist. Und er versucht, auch da so gut wie möglich zu sein.

1958 hatte Schilkin seinen letzten Fluchtversuch. Weil er sich weigerte, eine staatliche Beteiligung an seinem Familienbetrieb zuzulassen, kamen die Herren von der Steuerprüfung. 250 000 Mark, erklärten sie, betrage seine Steuerschuld. Eine unbezahlbare Summe. Doch kurz bevor sich die Familie Schilkin mit ihren Koffern in die S-Bahn nach West-Berlin setzte, klingelte das Telefon. Oberbürgermeister Ebert lud Sergej Schilkin zum Gespräch ins Rote Rathaus. Er bot Schilkin an, ihm die Viertelmillion zu erlassen, um sie, und dies war der Haken, als staatliche Einlage im Betrieb zu deponieren. »Das ist doch ungerecht!« explodierte Schilkin ein letztes Mal. »Aber junger Freund. Wir beide werden hier doch nicht über Gerechtigkeit reden«, erwiderte Ebert leise und versprach, den Betrieb künftig großzügig zu fördern. Als Schilkin das Rathaus verließ, besaß er noch 15 Prozent seines Betriebes. Das Verblüffende daran ist, Schilkin ging zufrieden.

»Unterhalten sich zwei Russen in der Zeit der Perestroika«, beginnt Schilkin einen Witz. »›Lies mal dieses Buch von dem Amerikaner hier. Es ist über Management‹, sagt der eine. Nach zwei Wochen gibt ihm der andere das Buch zurück und sagt: ›Die haben doch alles bei uns abgekupfert.‹« Schilkin könnte sich immer wieder über diese Geschichte totlachen. Er erzählt sie in der Regel, um zu begründen, daß er keine Probleme mit dem Management hat, weil sich sein Leitungsstil als Direktor eines DDR-Betriebes nicht wesentlich von dem unterscheiden muß, den er jetzt pflegt. Das stimmt zwar nicht, aber seine Mär von dem unabhängigen Schilkin ist amüsant. Vor allem ist sie nicht so bösartig beckmesserisch wie die vielen Unschuldigen-Geschichten, die man zur Zeit so zu hören bekommt. »Natürlich hatten wir einen Parteisekretär«, grinst Schilkin. »Ich hab ihn sogar in die Kreisleitung geschickt, damit wir immer wußten, was die Genossen vorhaben. Außerdem war der nicht so ein Mottenscheißer. Der war Parteisekretär und ein fähiger Mann. Der macht heute bei mir den Absatzdirektor.«

Schilkin hat sich die Illusion bewahrt, die Dinge zu jeder Zeit in der Hand behalten zu haben. Sie wollten ihn als Unternehmer immer gern für die Handwerkerpartei LDPD gewinnen. Den Werbern der Blockpartei hielt er standhaft entgegen: »Für mich gibt es nur eine Partei. Die SED.« Die Genossen aber kamen nicht auf den Gedanken, den Kaulsdorfer Quasi-Kapitalisten auch nur zu fragen, ob er ihr Kandidat werden wolle. So blieb Schilkin, das Schlitzohr, parteilos, ohne anzuecken. Ein wenig in der Hand hatte er die Dinge wohl schon.

1972 war es, als die Leninschen Prinzipien endgültig griffen. Das jedenfalls teilte man Sergej Schilkin und fünf anderen Herren mit, die größeren Kommanditgesellschaften in Ost-Berlin vorstanden. Sie mußten nun auch die letzten Privateigentumsprozente an den Staat abtreten. Schilkin willigte ein. Nicht ohne ein Eigenheim und einen Intershop-Fiat herausgehandelt zu haben. Es gab den »Vaterländischen« in Bronze, und das Direktorengehalt beim VEB war ebenso hoch wie die monatliche »Gewinnbeteiligung«, die er zuvor erhalten hatte.

»Es ist ganz komisch mit diesen Schicksalsschlägen. Zunächst haben sie mich immer ein bißchen getroffen. Doch wenn es vorbei war, hatte ich gewissermaßen ein Gefühl der Befriedigung«, wundert sich Schilkin heute.

Als er zur Ordensverleihung nach vorne gerufen wurde, geriet Erich Honecker, der in der ersten Reihe saß, völlig aus dem Häuschen. »Der klatschte so, als würde er den Orden bekommen und nicht ich. Na klar, der Genosse Honecker kannte mich ja. Schließlich stand unser Serschin Wodka bei den Empfängen immer mit auf dem Tisch.« Schilkin baute sein Haus, fuhr seinen vergleichsweise luxuriösen Wagen und machte weiter wie bisher, nur daß er jetzt jeden Morgen in einen volkseigenen Betrieb ging. Er erfüllte die Pläne vorbildlich, was in den Zeitungen selten erwähnt wurde, weil überfüllte Schnapspläne auf ein Volk von Säufern hätten hinweisen können. Und 1980 ließ er sich um keinen Preis dazu überreden weiterzuarbeiten. »Der Betrieb war mir wurscht.« Schilkin wurde Rentner.

Es ist an der Zeit, daß andere an der Geschichte mitspinnen. Gerhard Timm zum Beispiel, der seinerzeit den grandiosen Partyknaller »Timm's Saurer« kreierte und heute ein Geschäftsführer der Schilkin KG ist. Timm hat nicht das Fabuliertalent seines Chefs. Er sieht auch die Sache mit dem Zarenrezept etwas nüchterner. »Eine kleine Geschichte« nennt er die abenteuerliche Flucht.

Schilkin ist für ihn »eine starke Persönlichkeit, die vor Ideen nur so überschäumt und die Energie hat, sie auch umzusetzen«. Ist er beliebt in seinem Betrieb? »Beliebt?« fragt sich Timm und antwortet: »Geachtet!« Sie haben kein freundschaftliches Verhältnis. Schilkin hat immer Distanz gewahrt und muß auch manchen Wutanfall bekommen haben, damals, als er noch jünger war. Nur einmal bekommt Timm Wärme in die Stimme. Schilkins liebsten Trinkspruch mag auch er. Es ist ein russischer. »Man muß so trinken, wie man einen Ofen heizt. Kräftig anheizen und dann nachlegen.«

Es gibt auch Waltraut Miegel, Anlagenfahrerin in der Schnapsfabrik. Eine blonde, rotwangige und etwas korpulente Frau mit kräftigen, blanken Händen. Sie weiß den Tag, als sie hier angefangen hat, noch ganz genau. Es war der 7. April 1959. Sie glaubt, auch Schilkins Seele zu kennen. Frau Miegel kann nichts Schlechtes über ihn sagen. »Er hat mich immer Trautchen genannt.« Schilkin ist der Mann, der sie immer Trautchen genannt hat. Das bleibt nach 33 Jahren. Vielleicht wird Schilkin kein so schlechter Kapitalist.

Schilkin kannte die beiden Männer vom Wirtschaftsrat, die im Frühjahr 1990 vor seiner Tür standen. Sie hatten ihm 1972 erklärt, daß sein Betrieb nunmehr VEB sei. Wegen Lenin. Die beiden drängten den alten Schilkin nun, seine Firma zurückzunehmen. Schilkin dachte nach, denn er war alt geworden. Den Ausschlag gaben schließlich die Schweizer Immobilienhaie und der Westberliner Holzhändler, die bei ihm aufkreuzten, um ihm das Kaulsdorfer Grundstück abzuschwatzen. Niemand von ihnen war an der Spirituosenfabrik interessiert, die auf dem Gelände steht. Die Fabrik, die Apollon Federowitsch Schilkin gegründet hatte. Schilkin dachte an St. Petersburg, an den Zaren und die Zwiebelturmflasche. Am 1. Juli 1990 stand er wieder vor der Tür.

»Das ist er.« Schilkin zeigt aufgeregt auf einen etwas verschüchtert wirkenden, gutgekleideten Herrn mit Halbschalenbrille. Er heißt Peter Mier, ist mit einer Tochter Sergej Schilkins verheiratet und wird von seinem Schwiegervater als »Topmanager aus Stuttgart«

vorgestellt. Mier ist die Sache etwas unheimlich, weiß er doch, daß er eigentlich nur Personalchef einer Betonpumpenbude im Schwäbischen ist. Aber Schilkin ist bereits im Gange. Er redet, als wolle er mir Herrn Mier verkaufen. Der Schwiegersohn ordnet nervös die Krawatte überm Streifenhemd und spielt mit der Brille. Schilkin hat wieder lindgrüne Beulen auf der Schulter. Er mag diesen Anzug wie seinen karierten Hut. Mier wird die Schilkin KG ab August übernehmen. Sein Schwiegervater aber wird sein Büro keineswegs räumen. »Ich werde dem Jungen mit Rat und Tat zur Seite stehen. Ich kann ihn doch jetzt nicht hängenlassen.« Peter Mier wirkt nicht unbedingt erleichtert.

Vor zwei Wochen hat Schilkin seine Geschichte rund gemacht. Er war in St. Petersburg, hat sich sein Geburtshaus angeschaut und gestaunt. Eine Riesenlobby, Dienstbotenzimmer und eine breite Marmortreppe, alles so was. Acht Familien wohnen jetzt in dem Haus, in dem damals nur er, Dima, Natalja und Apollon gelebt hatten. Doch deshalb war er nicht da. Schilkin wird gemeinsam mit russischen Spezialisten eine Firma gründen. Sie wird »Schilkin KG Berlin-St.Petersburg GmbH« heißen und irgendwann echten russischen Wodka produzieren. »Zarenwodka« wird das sein. Den Namen hat sich Schilkin bereits Anfang vorigen Jahres international sichern lassen. Es lebe der Zar! Geschäftsführer Timm hat etwas Bauchschmerzen wegen der schnellen ideologischen Sprünge. Schilkin nicht. Vor dem Gelände seiner Kaulsdorfer Fabrik wehen bereits drei Fahnen. Eine weiße, eine blaue, eine rote. Es sind die Farben des Zaren.

Eine Anekdote hat Schilkin noch. »Die Petersburger Kollegen haben mir immer zugehört, genickt und manchmal haben sie gesagt: ›Da müssen wir den Lensow fragen.‹ Ich habe sie gefragt, was denn das für ein wichtiger Mann sei, dieser Lensow. Da haben sie gelacht und gesagt: ›Na, der Leningrader Sowjet.‹« Schilkin hat mitgelacht. Er kennt das ja.

März 1991

»Jadup und Boel« – Die Akte zum Film

Wie DEFA-Regisseur Rainer Simon mitbekommt, daß er nur Statist war

Es war ein leiser, ehrlicher Film aus der Altmark. Er wollte den Menschen in diesem Land erzählen, daß sie nicht aufhören sollen, Fragen zu stellen. »Das Leben ist keine Frage, die man endgültig löst«, redet Kurt Böwe in diesem Film und fährt fort: »Es bliebe ja dann nur Stillstand und Tod.« Solche Sätze waren es, die dem Film acht Jahre Dunkelhaft einbrachten. Erst 1988 tauchte er in den Studiokinos der DDR wieder auf. Die Probleme waren geblieben.

»Jadup und Boel« heißt der Film. Sein Regisseur Rainer Simon schätzte ihn 1988 als seine beste Arbeit ein. Simon hatte inzwischen andere wichtige Filme gedreht und für »Die Frau und der Fremde« sogar den Goldenen Berlinale-Bären bekommen. Auch die Staatssicherheit fand »Jadup und Boel« bemerkenswert. Sie begann, sich mit Rainer Simon grundsätzlicher zu beschäftigen.

Simon hat das jetzt nachgelesen. Er hat 500 beschriebene Blätter gefunden, Berichte von Offizieren und 30 Spitzeln, die sich über die Jahre mit ihm beschäftigt haben. Sie heißen Oberleutnant Hagedorn, Oberstleutnant Unrath, Oberst Ribbecke und Major Gericke, aber auch Antonio, Jörg Ratgeb, José, Hans Werner, Mirko, Lorenz, Werner Weber, Wendt, Galina Mark, Wassili, Romeo, Victor Barth, Ullrich und Rose. Andere Informanten werden nicht durch Decknamen geschützt. Dieter Mäde zum Beispiel, der ehemalige DEFA-Chef, der zu den freizügigsten Plauderern zählte. Von der Stoffentwicklung bis zur Filmpremiere ging die Staatssicherheit dem Regisseur zur Hand. Es hätte nur noch gefehlt, daß sie auch im Abspann auftaucht. Wenn man es genau nimmt, tat sie auch das.

»›Jadup und Boel‹ war das Zentrum«, sagt Rainer Simon. Allein 300 der 500 über ihn angelegten Seiten beschäftigten sich mit diesem Film. Das Kuriose dabei ist, daß sich die Stasi, wie so oft, diese Schreibarbeit selbst organisierte. »Mit dem Ziel, den S. arbeitsmäßig zu binden, wurde ihm 1979 das Buch ›Jadup und Boel‹ angeboten«, notierte Oberleutnant Hagedorn. Damals, 1979, waren die Eintragungen in Simons Akte unregelmäßig und zufällig. Simon galt als querköpfig und gefährdet. DEFA-Chef Dieter Mäde faßte fürs Stasi-Protokoll zusammen: »Er ist eines der letzten prononcierten Talente im DEFA-Spielfilmstudio, die eine andere, von der, von der Studioleitung organisierten Hauptlinie abweichende, eigene Position zur Filmentwicklung besitzen.« Was für ein Vergehen!

Mißtrauisch registrierte man auch seine Kontakte zu Christa und Gerhard Wolf sowie zu anderen »negativ-feindlichen Kulturschaffenden« wie Stefan Heym, Walter Janka und Ulrich Plenzdorf. Man bemängelte seinen Protest gegen die Biermann-Ausweisung sowie die unklare Aussage des Filmes »Till Eulenspiegel«. Die Beförderung vom operativ Kontrollierten zum »Operativen Vorgang« brachte allerdings erst »Jadup und Boel«. Simon war nicht mehr nur gefährdet, er war jetzt »negativ-feindlich«.

»Ich habe mich damals ziemlich gewundert, daß sie mir ausgerechnet diesen Stoff anboten, der doch nach einer gesellschaftskritischen Umsetzung schrie«, erinnert sich Simon. Es geschah nicht zufällig. Das Buch wurde Simon nämlich nicht nur angeboten, um ihn »arbeitsmäßig zu binden«, sondern auch, »um abzusehen, wie S. die staatlichen Maßnahmen gegen Biermann verarbeitet hat«. Die Staatssicherheit scheute keine Mittel. Sie ließ offenbar einen ganzen Spielfilm drehen, um festzustellen, wie *eine* Person auf staatliche Maßnahmen reagiert.

Sie bekamen die Reaktion. »Die Drehbuchfassung von ›Jadup‹«, notierte Major Gericke, »ließ erkennen, daß die negative Haltung des S. unverändert ist.« Deshalb sei eine Reihe politisch operativer Maßnahmen eingeleitet worden. Gericke, ein Stasi-Major, der im Studio ein- und ausging, hatte den Hut auf. Oberleutnant Hagedorn und andere hatten die Verbindungen zu IMs und Kontaktpersonen herzustellen bzw. aufrechtzuerhalten. IM Rose hatte seine persönlichen *und* beruflichen Beziehungen in die Waagschale zu werfen, Jörg Ratgeb, Mirko oder Lorenz lediglich ihre dienstlichen Kontakte auszuspielen. Andere hatten sich den Freundeskreis von Simons Lebensgefährtin zu erschließen. Ihre Führungsoffiziere verpflichteten sie, den Grad Simons negativ-feindlicher Gesinnung ausfindig zu machen, seinen Einfluß im DEFA-Spielfilmstudio zurückzudrängen, aber auch, gewissermaßen als konstruktives Element, Simon auf den richtigen Pfad zurückzuführen.

Letzteres gelang nur ungenügend. Die Bemühungen von IM Rose, das Drehbuch zu entschärfen, prallten an Simons Dickkopf weitgehend ab. Lediglich in der Besetzungsfrage konnte Direktor Mäde den Stasi-Offizieren einen Erfolg melden. Die Verpflichtung von Theaterregisseur Fritz Marquardt als Volkspolizist, eine blanke Provokation, wurde verhindert.

Man drehte. In dieser Phase lautete der Auftrag der »positiven« Kräfte (vor allem IM Rose und Gen. Mäde) immer noch, »einen aufführbaren Film zu produzieren«. Ein Auftrag unter Vorbehalt. Denn mitten in den Dreharbeiten wurde folgende Notiz in die Akte gelegt: »Sollten Mängel sichtbar werden, ist es möglich, ihn lediglich in Filmkunsttheatern (wie die Studiokinos seinerzeit hießen – d. A.) aufzuführen. Sollten die Schäden des Drehbuches so verstärkt werden, daß eine antisozialistische Position mit Eindeutigkeit durch Simon vorgetragen wird, wird der Film nicht zur Aufführung gebracht.« DEFA-Chef Mäde hatte nach Ansicht der ersten Szenen im vorauseilenden Gehorsam bereits angekündigt, daß womöglich irreparable Schäden zu erwarten seien. Im März 1981 war »Jadup und Boel« im Studio abgenommen worden, im Juni bat Simon den Filmminister Horst Pehnert um baldmögliche Zulassung. Pehnert, der in den Akten mitunter als José auftaucht, versprach unverzügliche Erledigung und meldete sich nie wieder.

Im November 1981 wurde ein weiterer Brief, diesmal

an Kulturminister Hans-Joachim Hoffmann geschrieben. In allerletzter Minute zogen aber Hauptdramaturg Dieter Wolf und die Dramaturgin Erika Richter ihre Unterschrift unter dieses Schreiben zurück. Die Staatssicherheit freute sich im Protokoll, daß der Brief »durch inoffizielle Maßnahmen« nicht abgeschickt werden konnte. Ein lächerlicher Erfolg. 1982 schrieben Simon und »Jadup«-Kollegen zweimal an Kurt Hager, 1983 dann an Erich Honecker höchstselbst, ohne Antworten zu erhalten. Im Aktenberg findet sich die kleinlaute Bemerkung: »Selbst positive Kräfte zeigen sich unzufrieden mit der Verschleppung der Zulassung für den Film ›Jadup und Boel‹.«

Das änderte nichts an der Tatsache, daß der Film nicht in die Kinos kam. Wie hoch der Anteil der Staatssicherheit daran ist, läßt sich aus den Akten nicht rekonstruieren. Die Stasi verstand ihre Aufgabe im Operativen Vorgang Simon oftmals darin, mit gigantischem Aufwand kleine Erfolge zu erzielen. Im Dezember 1981 beispielsweise hörten sie ein Telefongespräch zwischen Konrad Wolf und Rainer Simon ab. Simon hatte gehört, daß Regisseur Andrzej Waida in Polen verhaftet worden sei, und bat Wolf, der davon nichts wußte, über die Akademie der Künste zu protestieren. Man verabredete sich für den 23. Dezember im Studio. Die Staatssicherheit arbeitete fieberhaft und fand einen Antrag von Rainer Simon, den er ein halbes Jahr zuvor gestellt hatte. Er wollte nach Stockholm fliegen, um eine chilenische Schauspielerin, die dort arbeitete, für die Hauptrolle in seinem Film »Das Luftschiff« zu gewinnen. Praktisch über Nacht gewährte man Simon die Reise für den 23. Dezember. In der Akte wird stolz vermerkt: »Treffen zwischen K. Wolf und dem S. konnte verhindert werden.« Über den Aufwand findet sich nichts.

»Manche Leute tauchen nur ein einziges Mal auf, andere wurden regelrecht in meine Nähe lanciert«, berichtet Simon. IM Werner Weber zum Beispiel, der auch unter anderen Namen auftaucht. Er lieferte neben Rose offenbar das verwertbarste Material über den DEFA-Regisseur. »Mit den Vorbereitungen zu dem Projekt: ›Die Frau und der Fremde‹ im Frühjahr 1983 gelang es, direkte inoffizielle Kontrollmöglichkeiten im Arbeitsprozeß des S. zu schaffen.« IM Werner Weber war in Rainer Simons Arbeitsleben getreten.

Simon hat herausgelesen, wer »Rose« und »Werner Weber« waren. Es gibt Berichte über Ereignisse, an denen nur sie und Simon teilgenommen haben, es gibt Berichte, in denen sie unvorsichtigerweise in der Ich-Form auftreten. Beide arbeiteten mit Simon zusammen, einer bis in die letzten Tage. Beide sind anerkannte und bekannte Fachleute. Beide haben nach der Wende weiter an ihren Karrieren gearbeitet. In einer Zeit, da viele DEFA-Leute arbeitslos wurden, haben sie sich lukrative Posten gesucht, haben sich nach Verantwortung gedrängt, haben gehofft, nicht entdeckt zu werden.

Simon hat sie entdeckt, und er hat mit ihnen gesprochen. Verschreckte, ängstliche Menschen, die, wie sie heute sagen, nur sein Bestes wollten. »Ich hab' gedacht, ich kann mit der Stasi Katz und Maus spielen«, meint IM Werner Weber heute. »Ich hab' mich geirrt. Ich kann nichts entschuldigen. Ich habe damals gedacht, wenn sie was erfahren wollen, dann doch lieber von mir als von irgendeinem Arsch, der keine Ahnung hat.« Wer soll ihm das glauben. Kann das Motiv, jemanden zu bespitzeln, überhaupt ehrenwert sein?

Die beiden ehemaligen Spitzel sind inzwischen von ihren Posten zurückgetreten. Sie haben es erst getan, *nachdem* Simon sie entdeckt hatte. Was nicht für sie spricht.

Rainer Simon hat keine Ruhe. »Es geht doch nur nach dem Russisch-Roulette-Prinzip. Zufällig waren meine Akten noch nicht vernichtet. Zufällig konnte ich drei, vier Decknamen decodieren. Bleiben noch 25 andere unentarnt. Wir werden weiter suchen müssen. Über Kreuz lesen, vergleichen, bis wir sie gefunden haben«, meint der Regisseur.

Nach »Jadup und Boel« werden die Aufzeichnungen in Simons Akte dünner. Etwas Klatsch und Tratsch zur Verleihung des »Konrad-Wolf-Preises« an Rainer Simon, Beobachtungen einer Dampferfahrt, zu der ein ausländischer Gast »Kuchen mitgebracht hatte«, Stefan Heym wird mit Christoph Hein verwechselt, »Antonio« hat beobachtet, daß der ungeliebte Winfried Glatzeder Rainer Simon als erster zum Berlinale-Gewinn gratulierte, die letzte Eintragung stammt aus dem Mai '89 und liest sich wie eine Rezension zu Simons Film »Die Besteigung des Chimborazo«. Der Berichterstatter kann seine Freude, daß am Schluß der Studioabnahme kaum geklatscht wird, nicht verbergen. Ab und zu taucht noch einmal »Jadup und Boel« auf. Immer dann, wenn berichtet wird, daß Simon wieder einen Gegenwartsstoff ablehnt, den sie ihm, »um ihn arbeitsmäßig zu binden«, angeboten hatten. Rainer Simon hat in der Tat nach »Jadup und Boel« nie wieder einen Gegenwartsfilm gedreht. Er konnte es einfach nicht, obwohl die Stoffe da waren und auch das Geld. Nun könnte er. Doch jetzt fehlt das Geld.

März 1992

Eier mit Schinken in Wandlitz

Horst Sindermann starb, bevor er verstehen konnte

»1986 besuchte Sindermann erstmals die Bundesrepublik und erweckte in seiner konzilianten Art in Gesprächen mit Politikern aller Couleur, auch mit Herbert Wehner und Bundeskanzler Helmut Kohl, Hoffnungen auf Erleichterungen im deutsch-deutschen Verhältnis.«

(Munzinger-Archiv 1990)

Als die Nachrichten brachten, daß Horst Sindermann gestorben sei, bekam ich einen Schreck. Sein Herz hatte versagt.

Das Armaturenbrett des Mazdas leuchtet sicher. Ein warmes, mattes Licht, das unsere Hosenbeine einfärbt. Sindermann scheint ein guter Fahrer zu sein. Zügig, aber nicht riskant, steuert er den Wagen von der Autobahn auf jene Betonstraße, die uns geradewegs ins Objekt bringt. Die Reifen des Wagens pflügen den schmutzigen Schneematsch zuverlässig auseinander. Es hat ein wenig zu regnen begonnen, so daß man die Posten am Eingang schlecht erkennen kann.

Sindermann kurbelt das Fenster herunter, und eine feuchtkalte Welle schwappt in den Wagen. »Wir wollen zu meinem Vater«, schreit er in den Regen. Die Posten verstehen ihn nicht. Sie reden mit dem Fahrer eines großen, dunklen Mercedes. Ein untersetzter, kahlköpfiger Mann in grünem Lodenmantel mit einer dampfenden Atemwolke vorm Mund. »Der Vogel«, erklärt mir Thomas Sindermann. »Der Rechtsanwalt Vogel.«

Sindermann parkt seinen Mazda am Rand eines schmalen Plattenweges, der zu einem häßlichen, grauen Haus führt. Unter dem Plastedach der Eingangstür erwartet uns der Alte. Wir rennen durch den Regen auf ihn zu. Horst Sindermann begrüßt uns zurückhaltend.

Er trägt Kamelhaarpantoffeln. Die Augen hinter seinen Brillengläsern blinzeln müde. Er lächelt ein wenig, als er mir die Hand gibt. Es ist nichts Mächtiges in diesem Lächeln, nichts Andienerisches. Vielleicht ein wenig Spott. Es ist das Sindermann-Lächeln, das immer so ausfiel, als wüßte sein Träger mehr, als er preisgab. Der ehemalige Volkskammerpräsident schlurft ins Wohnzimmer.

Das Interieur hält dem wachen journalistischen Nachwendeblick, der die Einrichtung umgehend nach verräterischen Sony-Fernsehern, belgischen Toilettenarmaturen, Geschirrspülautomaten, HiFi-Anlagen, Videorekordern abtastet, durchaus stand. Gepflegte Hellerau-Möbel, ein Colotron-Fernseher aus Staßfurt, ein paar blasse Drucke an der Wand. Zurückhaltende, angestaubte Eleganz, nichts Protziges. Draußen pladdert der Regen weiter, es ist gut geheizt bei den Sindermanns und nicht ungemütlich. Die Frau des Hauses bringt Kekse und starken Kaffee.

Belustigt inspiziert Sindermann mein ungetümes Diktiergerät. Solche Dinger kennt er nicht. Erschrocken nimmt er zur Kenntnis, daß DDR-Journalisten sich mit diesen Monstern abplacken müssen. »Hättet ihr doch was gesagt. Da hätten wir welche aus Japan eingeführt. Die bauen doch diese Dinger, nicht wahr?«

Wir könnten aufhören an dieser Stelle. Denn dies ist es, was es zu beweisen gilt. Sindermann hat nichts mitbekommen. Wir unterhalten uns trotzdem vier Stunden lang weiter.

Wir reden über die alten Zeiten. Sindermann tut das gern. »Lange Zeit hatte Sindermann den Ruf eines fähigen Parteimanagers und umgänglichen und aufrichtigen Funktionärs«, steht in einer westdeutschen Biographie. Sindermann galt als nett, freundlich und verständnisvoll. Und er galt als erfolgreich. »Sindermann macht's möglich« soll in den 60er Jahren ein bekannter Slogan gewesen sein. Damals war Horst Sindermann SED-Bezirkschef in Halle. Aber auch später, wieder in Berlin, schien Sindermann immer ein bißchen anders als die anderen. Klüger vor allem. Neumann, Mückenberger, Tisch und auch Honecker galten als wenig intelligent, Krenz als strebsam, Axen als klein, Krolikowski als fett und Jarowinski als blaß, Hager schätze man klug, aber hartherzig ein. Sindermann dagegen war klug und freundlich. Weiß der Teufel, wie er diesen Ruf über die Zeiten gerettet hat.

»Wir hatten viele Freunde«, schwärmt Sindermann und bekommt einen verträumten Blick. »Sitte, Neutsch und Konrad Wolf. Die Künstler gingen bei uns aus und ein.« Er läßt die Namen noch ein wenig in der Wohnstube hängen. Daß Neutsch und Sitte nicht zu den Freundschaften zählen, die man heutzutage vorzeigen sollte, weiß der alte Mann nicht. Vielleicht weiß es sein Sohn, der unruhig auf dem Sofa hin- und herrutscht. Er sagt nichts, er spült seinen Widerspruch mit dem Kaffee seiner Mutter herunter.

»Aber wie lange ist das denn her, Horst«, mischt sich Inge Sindermann ein. »In den letzten Jahren waren wir doch isoliert hier draußen. Da kam uns doch überhaupt niemand mehr besuchen.« Sindermann träumt weiter, er schaut langsam rüber zu seiner Frau, die nicht aufhört, über die erzwungene Wandlitzer Isolation zu klagen. Ich glaube nicht, daß er ihr zugehört hat. Er sah in ihre Richtung, weil von dort Laute kamen. Dann nickt er. Wie alte Männer nicken, wenn ihre Frauen ihnen irgend etwas »zum hundertsten Mal« sagen. Sie nicken, um Ruhe zu haben.

Inge Sindermann hat wohl mitbekommen, was lief. Sie weiß, was man heute zu sagen hat. Sie weiß auch, daß sich ihr Mann sträubt, das zu sagen, was jetzt alle sagen. Deswegen redet sie für ihn. Von Honecker und Mittag, die auf ihren ausgedehnten Spaziergängen in der Schorfheide Politbüroentschlüsse gefaßt hätten. »Die beiden haben doch pausenlos zusammengegluckt.« Sie berichtet brühwarm, daß sie Honecker gestern noch mit dem Fahrrad hat rumfahren sehen. »So krank kann der gar nicht sein. Das kann ich ihnen sagen.« Thomas Sindermann, der Sohn, nickt eifrig. Alles, was gegen Honecker geht, geht nicht gegen seinen Vater. Und kann so nicht auf ihn, den Sohn, zurückfallen. Inge Sindermann klagt ein wenig über ihre Unbeweglichkeit. Sie mußte ihren Volvo zurückgeben. »Es war nur so ein kleiner.«

Doch sie hat nicht vor, sich gehenzulassen. Ihre Frisur ist tadellos, und die Frau sieht weit jünger aus, als sie ist, und trotzdem nicht wie eine überschminkte Diva.

Thomas Sindermann meckert auf die Presse, die über sein Einfamilienhaus hetzte, das mit Koko-Mitteln und Schalck-Hilfe aus dem Randberliner Boden wuchs. Von Rechnungen erzählt er, die vorhanden seien, von Rufmord und Verleumdung und schließlich von ehrlicher Arbeit. (Thomas Sindermann war damals noch Leiter der Berliner Mordkommission.) Ein Fettel, weich und blaß mit Fischaugen. Ein Couponabschneider wie seine Mutter. Er schwitzt ein wenig, während er meckert.

Der Alte läßt sie reden und klagen. Er ist ein geschlagener Mann. Nur ab und zu bäumt er sich auf. Er will nicht die ganze Schuld auf Honecker und Mittag schieben. »Quatsch«, mokiert er. »Sie waren befreundet, mehr nicht.« Es kotzt ihn an, daß seine Frau hier den ganzen Klatsch aufwärmt, aber er schafft es nicht mehr, ihr richtig Paroli zu bieten. »Wir haben zusammen im Zuchthaus gesessen«, brummelt er. Erich und Horst. Man verrät keine Kampfgefährten. Sie hätten nicht von der Gegenwart anfangen sollen. Sie hätten bei der Vergangenheit bleiben müssen.

Sindermanns Hirn ist alt. Es schließt sich um die Erinnerungen, damit nichts wegsickern kann. Das macht die Situation grotesk. Die Nachbarn, Stoph und Mittag, sind verhaftet, die Familie wird in den verunsicherten Ostgazetten des Amtsmißbrauchs beschuldigt, er flog aus der Arbeiterpartei, für die er jahrelang im Gefängnis gesessen hatte.

Und Sindermann sitzt in dem Haus, aus dem er demnächst ausziehen muß, und zitiert alte Losungen. »Das Parlament, dem ich vorsaß, hat wichtige sozialpolitische Beschlüsse gefaßt. Das Wohnungsbauprogramm und alles. Natürlich haben wir uns nicht so gestritten, wie bürgerliche Parlamentarier das tun. Das war ihnen ein Dorn im Auge. Den bürgerlichen Propagandisten.« Sindermann erzählt von der Anerkennung, die er in den Parlamenten der Welt genossen habe, die er besuchte. Das Sindermannlächeln gleitet ins Eitle ab. Er wühlt eine Weile in ein paar Schubfächern, weil er mir doch das Bild zeigen will, das Herbert Wehner ihm seinerzeit einmal zum Geburtstag geschenkt habe. Er findet es nicht.

Später, während wir Eier mit Schinken kauen, die uns Frau Sindermann zum Abendbrot bereitet hat, sprechen wir noch beiläufig über Privilegien. Sindermann verteidigt seinen Sohn, spricht von Geschenken, die er im Ausland bekam. »Da fiel natürlich auch was für die Familie ab.« Thomas nickt und schaufelt Eier nach. Inge muß auf ihre Figur achten. Im übrigen, vermutet Horst Sindermann, von seiner überraschenden Offensive beflügelt, konnte man die Sachen, die es in Wandlitzer Geschäften gab, auch im Exquisit kaufen. »Außerdem haben wir gar nicht so üppig verdient.« 3 000 Mark habe er für den Volkskammerpräsidenten kassiert, noch mal 1500 für das Staatsratsmitglied. Wir trennten uns einvernehmlich. Satt und müde. Nur ich wußte, daß Horst Sindermann mein Artikel nicht gefallen würde.

Kurz nachdem das Interview veröffentlicht worden war, rief ein Rechtsanwalt in der Redaktion an. Sindermann, hörte ich, wolle mich verklagen. Weswegen, konnte ich nie herausbekommen, denn die Klage wurde schon am nächsten Tag zurückgezogen. Nicht Horst Sindermann hatte sie gestellt, sondern sein Sohn Thomas. Es blieb dennoch das ungute Gefühl, den Alten verraten zu haben.

Ich vertrieb es mit der Presse, die berichtete, daß Familie Sindermann zu den Wandlitzer Oberabzockern gezählt hätte. Noch im letzten Jahr der Politbüroherrschaft, las ich, hätten die Sindermanns Schmuck, Kleidung und Unterhaltungselektronik für sechsstellige Summen gebunkert. Und dann war da noch die Sache mit dem Bildschirm. Der hing in Horst Sindermanns Jagdhütte und signalisierte dem alten Waidmann, wann Wild auftauchte. Er brauchte dann nur noch auf den Balkon zu treten, um es abzuknallen.

Horst Sindermann hat sich nie bei mir beschwert. Am 20. April 1990 setzte sein Herz aus. Er wurde neben anderen Verfolgten des Naziregimes auf dem städtischen Friedhof in Berlin-Friedrichsfelde beigesetzt. 50 Freunde und Familienmitglieder erschienen zur Beerdigung.

Ehemalige hohe SED-Funktionäre waren kaum dabei. »Unser Horst liebte das Leben«, sagte der Trauerredner.

Die FAZ krampfte sich einen Nachruf ab. »Den letzten öffentlichen Auftritt alten Stiles vor der Wende in der DDR hatte Horst Sindermann, sechzehn Jahre Präsident der demokratisch nicht legitimierten Volkskammer, am 3. Oktober: Er zeichnete vor dem 40. Staatsgründungstag verdiente Bürger, in seinem Sinne verdiente, mit Vaterländischen Verdienstorden ... aus.«

Ich hatte das unbändige Bedürfnis, mich bei Horst Sindermann zu entschuldigen. Wofür, weiß ich bis heute nicht.

Dezember 1990

Die Waffe im Klassenkampf hat keinen Schuß mehr

Karl-Eduard von Schnitzler hockt immer noch im Schützengraben und beobachtet den Feind

»Bist Du verrückt geworden. Die sollen ruhig sehen, was da alles für Leute zu uns rüberkommen.«

(Walter Ulbricht auf Schnitzlers Bitte, das »von« aus seinem Namen zu tilgen)

Wir wollen nicht gleich mit der Tür ins Haus fallen. Also stellen Sie sich erst mal Hans Moser am Montag abend vor. Oder Theo Lingen, Grethe Weiser, Hans Albers und wie sie alle hießen. Das ginge noch, nicht wahr? Schließlich traten die jahrelang allmontäglich im DDR-Fernsehen auf. Sind Sie soweit? Jetzt wird es etwas komplizierter.

Sie hören die deutsche Nationalhymne, etwas verfremdet, schließlich tanzen die Logos von ARD und ZDF um einen düsteren Antennenwald, bevor sich im grellen Mißton der Bundesadler auf dem Häuserdach niederläßt. Dann folgt ein kurzes Einspiel aus »Report«, »Monitor«, »heute« oder den »Tagesthemen«, mit dem Untertitel »Bild und Ton: BRD-Fernsehen« versehen, und schließlich schaut ein älterer, etwas verbissen wirkender Herr auf und schüttelt nachsichtig den Kopf. Er hat faustdicke Brillengläser vor den Augen und ein kleines, ovales Abzeichen am Revers, links, wo das Herz schlägt. Stellen Sie sich also vor, Sie sähen am nächsten Montag den »Schwarzen Kanal«. Von und mit Karl-Eduard von Schnitzler. Lesen Sie weiter, bevor Sie anfangen zu schreien.

Schnitzler würde über wachsende Arbeitslosenzahlen wettern, er würde die Versprechen des Bundeskanzlers einklagen, er würde den aufziehenden Rechtsradikalismus anprangern, die zunehmende Gewalt auf ostdeutschen Straßen beklagen, er würde die Ohnmacht der neuen Regierungschefs meckernd belachen und mit Wendehälsen wie Schabowski, Krenz und Mittag schonungslos abrechnen. Kurz, er würde den meisten aus dem Herzen sprechen.

Es dauert ein wenig, bis er so richtig begreift, daß sich jegliche Macht aus ihm verflüchtigt hat. Schnitzler ist auf dem besten Wege dazu. Nur ab und an schlägt tief aus seinem Innern, wahrscheinlich von dort, wo der gepeinigte Magen liegt, ein Rest schmerzhaften Machtbedürfnisses nach oben, dorthin, wo das Gehirn sitzt. Und weil das Gehirn schon altersschwach ist, erkämpft der Magen einige klägliche Siege. »Sie sitzen da, ich hier«, kommandiert der Rentner und pflanzt sich in einen Ledersessel. Ich nehme, wie befohlen, auf der gegenüberliegenden Sitzgelegenheit Platz. Von hier aus hat man einen guten Blick in den gepflegten Garten, der hinter dem Einfamilienhaus der von Schnitzlers liegt. Das Terrassenfenster ist die einzige Lichtquelle in dem abgedunkelten, geräumigen Wohnzimmer. Eben davor thront die Silhouette des alten Mannes. »Ich will meinem Gesprächspartner ins Gesicht sehen können«, erörtert Schnitzler dem fürwitzigen Fotografen, der Bedenken wegen des Gegenlichtes geäußert hatte. Seine Brillengläser blitzen schadenfroh. Er ist der Hausherr.

Es läßt sich ahnen, wie er damals die Adlershofer Flure abgeschritten hat. Der kranke Rücken leicht gebeugt, aber von der Gewißheit gestützt, *der* Chefkommentator des DDR-Fernsehens zu sein, vom Feind gehaßt und vom Freund bewundert zu werden. Die Schritte setzte er sorgsam, niemals hektisch. So wie es alte, erfahrene Leute tun, denen das Leben nicht mehr allzu viele Überraschungen bereiten kann. Mit ein paar gebieterischen Handbewegungen konnte der Meister sich verständlich machen. Schnitzler mußte nicht schreien. Er wäre so gern der alte, große Journalist gewesen. Er hat wohl auch lange daran geglaubt, es zu sein. Wenn er über Peter von Zahn redet, »der bei mir das Sprechen gelernt hat«, über Adenauer oder die BBC, weht immer noch ein wenig weltmännische Luft des Unvergänglichen um sein Greisenhaupt. In diesen Augenblicken vergißt nicht nur er, daß er lediglich ein Parteiarbeiter war.

Das Jahr 1933 hatte einschneidende Wirkungen für den DDR-Fernsehzuschauer. Auch, weil Karl-Eduard von Schnitzler beschloß, seiner adligen und wohlhabenden Familie am Rhein den Rücken zu kehren. Schnitzler brach sein Medizinstudium ab, weil er sich weigerte, dem faschistischen Studentenbund beizutreten, er leistete Widerstandsarbeit, rettete einigen Verfolgten das Leben, mußte an die Front und später in ein Strafbataillon, aus dem er sich in die Arme der alliierten Truppen rettete. Er sprach über die BBC zu deutschen Soldaten und kehrte später in seine rheinische Heimat zurück, um dort als Journalist zu arbeiten. Im Januar 1946 beteiligte er sich an der Gründung des Nordwestdeutschen Rundfunks in Köln. Dort kletterte er, er flog geradezu die Karriereleiter hoch. 1947 war er Politikchef und stellvertretender Intendant. Durchaus lobenswert. Bis dahin.

»So, Zigarre«, befiehlt Schnitzler, diesmal nur sich selbst. Er wühlt fahrig in einer Holzkiste, bevor er ihr einen daumendicken Stumpen entnimmt, den er sich zwischen die Lippen stemmt und umständlich ansteckt. Aufmerksam belauert er derweil, wie ich mein Diktiergerät aus der Tasche krame, um in dem Augenblick, da ich es einschalte, die Zigarre aus dem Mund zu nehmen und mir leicht röchelnd mitzuteilen: »Jetzt noch nicht, junger Mann. Dies ist hier ein Vorgespräch.« Im weiteren Verlauf des Vorgespräches erörtert Schnitzler, daß er nicht erwartet, nicht in die Pfanne gehauen zu werden. »Ich kann kaum annehmen, daß heutzutage irgend jemand schnitzlerfreundlich ist.« Dann gibt er zu erkennen, daß das Vorgespräch beendet ist, indem er *sein* Diktiergerät einschaltet. Wenn er schon in die Pfanne gehauen wird, dann aber korrekt, bitteschön. Das hat seinen Zweck. Zumindest für ihn.

»Ich vertraue auf die Kraft meiner Argumente«, erzählt Schnitzler. Deswegen habe er dem Film zugestimmt, den die ARD ausstrahlte. Deswegen rede er mit mir. Immerhin bin auch ich letztlich nur ein Abgesandter des Medienimperialisten. »War es jetzt Lenin oder Marx. Ich weiß nicht«, grummelt Schnitzler in Altmännerart, »iss ja auch egal. Einer von denen hat jedenfalls gesagt: Du mußt jede Tribüne nutzen. Auch die des Feindes.« So übergibt sich denn Schnitzler dem Feindsender, dessen Beiträge er noch unlängst allwöchentlich zerpflückte. Er tut es in dem Glauben, anderen Klassenkämpfern, die wie er im Schützengraben hockengeblieben sind, Signale zu übermitteln. Hallo, ich bin noch da, und ich bin standhaft. Haltet durch, Genossen!

Noch 1947 übersiedelte Schnitzler vom Feindes- ins Freundesland. Er war der Konfrontation mit den westdeutschen Journalistenkollegen aus dem Weg gegangen. Sie hatten ihm seine »sozialistische, auf dem historischen Materialismus basierende, an keine Partei gebundene Überzeugung« vorgeworfen. Nun, mit dieser Charakterisierung konnte man im Osten durchaus leben. Mehr als das, wie sich zeigen sollte.

Schnitzler befindet sich im Widerstand. Er tut dort nicht viel, denn er ist alt geworden. Aber den Feind hat er schon noch im Auge. Er registriert genüßlich dessen Fehler und übersieht geflissentlich die Erfolge. So wie er es immer gehalten hat. Das Publikum, das ihm abhanden kam, versucht er durch kleine Selbstbetrügereien zu ersetzen. Er spielt den Beschäftigten, den Unentbehrlichen, den Vielumworbenen. »Solidaritätsbekundungen«, schmatzt der Greis, »aber ja. Auch aus der Bevölkerung.« Worauf das bekannte, süffisante Lächeln auf seinen Lippen eintrifft. Es fällt ein wenig schadenfroh aus. »Da kamen auch Briefe mit dem Inhalt: Wir haben Ihren Kanal nicht immer gern gesehen, aber was Sie uns über die Unmenschlichkeit des Imperialismus gesagt haben, erfahren wir jetzt am eigenen Leibe.« Nun ja, sie haben nicht hören wollen, da müssen sie eben fühlen. Über die Anzahl der eingegangenen Beileidsbekundungen läßt uns Schnitzler im unklaren. Dafür kokettiert er mit dem großen Freundeskreis. Viele seien geblieben, neue hinzugekommen. Der große Wohnzimmertisch reiche nicht, um sie alle aufzunehmen. Ja, da treffe man sich, um über Gott und die Welt zu reden. Sein Haus sei offen, aber nicht öffentlich, wortspielt der

Propagandist, und die Türglocke verstumme nicht. Doch als es diesmal klingelt, ist es nur der Schornsteinfeger.

Ja, und dann hat er ein Buch geschrieben. »In der Analyse wesentlich tiefer und kritischer als andere«, stößt Schnitzler angewidert aus und macht eine wegwerfende Handbewegung zu Günter Mittags Erstling, der auf dem Tisch liegt. »Ich werde zu Wort und zu Druck kommen«, prophezeit er eine Spur zu energisch. Er habe einen Verlag, und »es wird eine ungeheure Nachfrage entstehen«. Welchen Verlag, sagt er nicht. Das war der allerletzte Versuch, den ein Kind unternimmt, seine Eltern anzuschwindeln, bevor es in Tränen ausbricht. Richtig, dann weint er. Nur, daß ein Karl-Eduard von Schnitzler keine Tränen vergießt, wenn er weint. »Man hat der DDR immer vorgeworfen, daß sie Literatur Andersdenkender nicht verlege. Und jetzt. Man soll uns nichts über Freiheit erzählen.« Also doch kein Verlag.

In den 50er Jahren wurde Schnitzlers politische Position in feste Formen gegossen. Er besuchte die Parteihochschule, wurde Leiter der Kommentatorengruppe des Staatlichen Rundfunkkomitees und später Chefkommentator beim Fernsehfunk. Im Grunde war er zu diesem Zeitpunkt noch innenpolitischer Journalist. Er zerfetzte in schöner Regelmäßigkeit Konrad Adenauer, hatte aber die deutsche Einigung nicht aus den Augen verloren. Womit er, zumindest nach seinem Verständnis, Kritik am eigenen Land übte. Das änderte sich am 13. August 1961 schlagartig. Schnitzler wurde Außenpolitiker. »Die Falltür West-Berlin ist dichtgemacht worden«, kommentierte er seinerzeit. Für ihn schloß sich damit der direkte Zugang zu dem, was er künftig zu bewerten hatte. Von jetzt an ging es mit Schnitzler steil bergab. Auch wenn es zunächst überhaupt nicht danach aussah.

Schnitzler gibt sich nicht die Mühe, Ordnung in die personengebundenen Feindbilder zu bringen. Das bewährte Schwarz-weiß-Muster taugt nicht mehr. Alle möglichen Leute holpern durcheinander. Die ehemaligen Genossen sind Verräter. Vor allem Krenz, Schabowski und Mittag. »Je größer die Intelligenz, desto tiefer der Sturz in den Verrat«, versucht der alte Parteijournalist doch noch etwas zu retten. Denn »Honecker ist ein durch und durch ehrlicher Mann«. Aber auch dieses Bild hinkt, weil es Krenz unterstellen würde, intelligent zu sein. Oder Mittag!

Auch mit den Zeitungen hat der 73jährige seine liebe Not. Mit dem Neuen Deutschland beispielsweise ist er gar nicht mehr zufrieden. »Es nennt sich sozialistische Tageszeitung, obwohl sie dem nicht entspricht«, mäkelt Schnitzler. Die »Titanic« dagegen kommt gut weg. »Halte ich für eine der interessantesten Zeitungen, die es gibt«, lobt Schnitzler. Er muß es wissen, schließlich hat das Satireheft drei Beiträge von ihm abgedruckt. »Ich habe gute Kontakte zu den Damen und Herren.« In solchen Augenblicken tut er mir wirklich leid. Mehr als Günter Mittag mir leid tun würde, sollte man ihm die Krücken klauen. Er hat nicht gemerkt, daß er der Gag war, die Lachnummer. Er glaubt heute noch daran, daß »Titanic« ihn deshalb nicht mehr druckt, weil Anzeigenkunden abgesprungen wären. »Die Auflage ging sogar hoch«, freut sich Schnitzler. Seine Frau spricht den Satz synchron mit.

Sie ist immer noch schön. Leider bekommt sie langsam die bitteren Züge, die sich den Ehefrauen von Verlierern unwillkürlich ins Gesicht graben. Zumindest, wenn sie sich dem Gatten noch verbunden fühlen. »Kled« nennt sie ihn und »Chef«. Wie früher. Sie kennt seine Argumentation, sie hört sie wahrscheinlich jeden Abend bei der Tagesschau. Sie sitzen im selben Boot, sie haben die gleichen Meinungen. Mal abgesehen vom Zigarrenrauchen, das Marta Rafael-Schnitzler leicht angewidert toleriert.

Nur ein Feindbild stimmt noch. Das von dem Mann, der sich beim Versuch, dem Feind die Maske vom Gesicht zu reißen, regelmäßig selbst entlarvte. Der in diesen Momenten genau wie Schnitzler ein Kampfhund war, dem der Geifer aus den Lefzen tropfte. Gerhard Löwenthal. Schnitzler haßt seinen Widerpart vom ZDF-Magazin abgrundtief. »Löwenthal ist für mich kein Diskussionsgegenstand«, beherrscht sich Schnitzler, bevor es aus ihm herausbricht. »Ich hasse ihn nicht, ich verachte ihn. Das ist kein Journalist, kein Charakter. Wie der als Halbjude so unangetastet durchs Dritte Reich kam? Leider konnte unsere Aufklärung das nicht rauskriegen.« Plötzlich ist es kalt im Wohnzimmer der von Schnitzlers.

1961 übernahm Schnitzler den »Schwarzen Kanal«. 1519mal machte er ihn uns. Tausende Male tauchte sein Kopf von rechts unten, wo der Monitor stand, auf. Ein überraschtes Gesicht schaute da auf, ein erschüttertes, ein weise lächelndes, ein nachdenkliches, ein siegessicheres, ein angriffslustiges. Je nachdem. Niemand konnte das Kürzel BRD so atemlos aussprechen wie er. Genüßlich zog er die Konsonanten in die Länge. Trocken und speichellos klebten sie im Raum. Er sprach die Anführungszeichen mit, die er bei BILD beklagte. Von »Kesseltreiben« sprach er und von »Imperialisten«. Angewidert spie er die Vokale aus dem gespitzten Fischmund. Ein kreisrundes Gebilde aus aufgeworfenen Lippen, mit einem schwarzen Loch in der Mitte, das von Zeit zu Zeit von ein paar grauen Fusseln umgeben war.

Schnitzler kreierte den Asthmastil der Fernsehmoderation, jegliche Atemtechnik ignorierend, verschluckte er Artikel, Verben und andere unwichtige Wortarten, um sich um so ausschweifender dem verächtlichen Attribut, dem amboßschweren Substantiv zuzuwenden. Nur scheinbar verirrte er sich im Gewirr der Synthax, brach Sätze ab, um neue zu beginnen, wirbelte Ellipsen durch den Raum. Die rechte Hand trommelte den Takt der Argumente dazu. Eins und zwei, und eins und zwei ... 1519mal. Weit öfter als das heitere Berufe-Raten. Und die Leute warteten aufs Westpaket. Dafür haben sie ihn gehaßt.

Schnitzler merkt immer noch nichts. »Das war ein Boxkampf. Und beim Boxen baut man sich den Gegner auf, sonst kann man nicht zuschlagen. Ich habe das mit einer solchen Souveränität getan, daß es die gegnerischen Kräfte natürlich besonders schmerzte«, zeigt er sich störrisch-eitel. Er glaubt daran, daß er zu anspruchsvoll war in seinen Argumentationshilfen. Zu abstrakt. Er merkt nicht, daß er die Leute bis aufs Blut reizte mit seinem Kapitalismus-Bild. Leute, die Levis haben wollten, Mandarinen und Reisen nach Marokko. Die sich von ihren Westverwandten erzählen lassen wollten, wie's im Westen ist, und zwar vor Ort. »Meine Fakten waren richtig«, beharrt er und klopft die weiße Zigarrenasche in etwas Napfähnliches. Er reibt Ober- und Unterkiefer tonlos gegeneinander, wie es Prothesenträger zu tun pflegen. Doch ich glaube nicht, daß er am Sinn seiner letzten Worte zweifelt.

Am 30.10.1989 moderierte Schnitzler seinen letzten Kanal. Er hatte fünf Minuten. Schnitzler nutzte sie anerkennenswerterweise nicht zur Rechtfertigung. Er nutzte sie zu leeren Versprechungen. Er werde seine Arbeit als Kommunist und Journalist fortsetzen, als Waffe im Klassenkampf. Die rechte Hand war nicht mehr ganz so schwungvoll wie ehedem. Im Januar 1990 teilte das DDR-Fernsehen auf Anfrage mit, daß Schnitzler nicht mehr zu seinen Mitarbeitern zähle, SAT 1 zerfetzte den ehemaligen Chefkommentator in einer Talkshow, das Neue Deutschland wusch in einer peinlichen Glosse nach, und Schnitzler trat aus der SED/PDS aus. Um einem Rausschmiß zuvorzukommen. Danach schützte er sein Haus vorm Mob. Das alles konnte ihn nicht brechen.

»Ich habe bis zum Schluß an meinem Frontabschnitt gekämpft«, verteidigt sich Karl-Eduard von Schnitzler. »Doch jetzt ist er völlig entblößt.« Seine Frau schaut ihn traurig von der Seite an, er mümmelt bereits wieder nachdenklich. Sein Feindbild erhält den Alten am Leben. Vielleicht hätte er ein großer Journalist werden können. Hätte er im eigenen Land weitergekämpft. Er war ja nie mehr an der Front. Er war im sicheren Hinterland. Er erkannte den Gegner nicht mehr und hat im Nebel wild um sich geschlagen. Die Argumente wurden immer plumper, bis sie letztlich keine mehr waren. Dann waren auch noch die Freunde Feinde geworden. Schnitzler konnte überhaupt nichts mehr unterscheiden und schlug einfach nur drauf. Die Haltung hat er sich bis heute bewahrt. Nur teilt er keine Schläge mehr aus.

Stellen Sie sich also vor, Sie sähen am nächsten Montag den Schwarzen Kanal. Sie sähen endlich mal jemanden, der Günther Krause sagt, daß er ein Arsch ist. Ich meine nicht durch die Blume. Der zugibt, daß Ernst Dieter Lueg ein näselnder Hofnarr ist. Der den Amis knallhart Bescheid gibt, daß sie zu Hause bleiben sollen. Der Jelzin bestätigt, eine machtgeile Schnapsdrossel zu sein. Und der nicht Bruno Jonas heißt oder Dieter Hildebrandt. Der in allem Ernst mit Schlamm nach Imperialisten, Kolonialisten und Weltbeherrschern wirft. Sie haben völlig recht, er dürfte nie und nimmer Karl-Eduard von Schnitzler heißen. Denn der war, wenn er auch mitunter recht hatte, Parteijournalist. Er hat sich dem System verkauft. Und wenn er es nur getan hat, um den alten rheinischen Adelssäcken zu zeigen, daß er auch etwas kann. Er ist eitel, arrogant, borniert, und die Leute hassen ihn. Kurzum, man könnte ihn nicht ernst nehmen. Das aber wäre wichtig. Denken wir an Jelzin oder Krause.

Ansonsten unterscheidet sich Schnitzler gar nicht so sehr von den vielen verbitterten Männern in diesem Teil des Landes, deren Ehefrauen langsam harte Linien um den Mund bekommen. Die nicht wahrhaben wollen und können, daß sie 40 Jahre lang Mist gemacht haben. Er hatte mehr Popularität, das ist alles. »Ich beschäftige mich jetzt viel mit mir selbst«, sagt Schnitzler ganz zum Schluß. Er sagt es mehr zu sich. Aber immerhin. Dann läßt er sich sogar noch einmal mit Licht im Gesicht fotografieren.

April 1992

Teddybären sind nicht böse

Manfred Stolpe schmunzelt noch den schwersten Vorwurf zur Bagatelle herunter

Am Computer des Chefs vom Dienst der Brandenburger Staatskanzlei pappt ein Bild. Es ist ein Zeitungsfoto, das Manfred Stolpe beim Besuch der Gauck-Behörde im Januar zeigt. Der Ministerpräsident streckt die Hände unvorteilhaft zum Weitwinkelobjektiv. Seine Augen sieht man nicht. Narrenhände haben eine schwarze Brille darübergemalt. Auch die Herrschaften im Hintergrund tragen solche schwarzen Filzstiftbrillen, so daß sie wirken wie ein Sicherheitskommando. Was wohl bezweckt war. Vermutlich würde Stolpe einen Augenblick lang den Kopf schieflegen, wenn er diese kleine Schändung entdecken sollte. Dann aber würde er schmunzeln. Er würde im Zigarillo-Baß noch einen Scherz nachschieben. Stolpe kann nicht böse sein. Er schmunzelt. Und läßt das entwaffnende Lächeln der Übeltäter an sich herunterrieseln.

Das hat er immer so gehalten. Stolpe war schon zu DDR-Zeiten ein shooting-star. Es gab einen Rückschlag, als die Einsatzkommission ihm 1959 verweigerte, Anwalt oder Richter zu werden. Seine Karriere hielt das nicht auf. Er drängelte nie, man wurde auf ihn aufmerksam. Zwangsläufig. Das war auch Ende 1990 so, als Stolpe Ministerpräsident von Brandenburg wurde. Er mußte nur warten.

Stolpe sieht nicht ein, warum er jetzt seine Taktik ändern soll. Die Nation fürchtet den nächsten »Spiegel«, und Stolpe schmunzelt und wartet. Am vorigen Wochenende fuhr er über Land, Kreisbereisung nennt man das in Brandenburg, und ließ sich auf die Schulter klopfen. »Für uns sind Sie Brandenburgs Hoffnungsträger«, bestätigte ihm der Landrat des Kreises Herzberg. »Die Bürger vertrauen Ihnen und hoffen, daß Sie Ministerpräsident bleiben.« Am Sonntag besuchte er eine Talkshow mit dem irreführenden Titel »Ich stelle mich« und ließ sich von deren Moderator anderthalb Stunden lang hofieren. Dienstag dann erschien Altkanzler Helmut Schmidt zur Solidaritätsbekundung, geißelte die Rufmörder und grinste gemeinsam mit seinem Brandenburger Genossen in die Kamera. Donnerstag präsentierte der Ministerpräsident einen Bildband »Alleen in Brandenburg«, und Rainer Eppelmann platzte der Kragen. »Manfred Stolpe«, ließ sich der Pfarrer zitieren, »soll endlich die Hosen runterlassen, und zwar bis ganz unten.« Das ist nicht zu befürchten.

Stolpe hat einen Wall um sich aufgeschichtet. Er besteht aus Claqueuren und Taktikern. Die Einschüsse aus der Gauck-Behörde kittet der Ministerpräsident unaufhörlich. »Ich bin gewillt, den Wahlauftrag der Brandenburgerinnen und Brandenburger zu erfüllen«, beantwortet Stolpe die Frage nach einem eventuellen Rücktritt. »Seine« Brandenburgerinnen und Brandenburger danken es ihm mit bedingungslosem Vertrauen.

»Neun Aktenordner voll«, lehnt sich Winfried Muder zurück, »und täglich treffen neue Sympathiebezeugungen ein.« Muder arbeitet beim Landespressedienst und war in den letzten zwei Wochen u. a. damit beschäftigt, 2 000 Stück Fanpost abzuheften. »Da haben Konzernchefs geschrieben, aber auch Lieschen Müller aus Luckenwalde.« Muder und seine Kollegen haben die Kernsätze der Schreiber verdienstvollerweise zusammengestellt. »Geben Sie nicht auf!« schreibt Herr T., »Sie stehen nicht allein.« Frau S. aus Potsdam beteuert: »Ich glaube an Sie.« Frau S. aus Hameln schließlich ruft für ihren Freundeskreis aus: »Herrn Stolpe wollen wir bald als Bundeskanzler!« Negative, kritische Stimmen seien kaum aufgetaucht. »Zwei, drei vielleicht auf 2 000«, beschwichtigt Muder und wundert sich nicht. Er glaubt an Stolpe. Von der Wand seines Landespressedienstes schaut Manfred Stolpe aus einem großen Schwarzweißbild. Gütig schaut er, klug und weit. In die Zukunft Brandenburgs.

Die Vorwürfe gegen Stolpe sind noch vergleichsweise lächerlich. Vielleicht hat er zwei Oppositionelle geopfert, um zwanzig zu helfen. Das ist verdienstvoll genug. Er hat die Mächtigen bemüht, um die Ohnmächtigen rauszuhauen. Er hat sich dazu notwendigerweise mit der Staatssicherheit getroffen. Er hat all das getan und selbstverständlich nicht vergessen. Dann hat er zugesehen, wie andere über eben solche Vorwürfe gestolpert und gefallen sind. Er hat geschwiegen und weitergemacht. Stolpe hatte genug Möglichkeiten, zur Entmystifizierung der Stasi beizutragen, soweit das zulässig ist. Er hat sie nicht genutzt.

»Typisch Kirche«, meint Peter Michael Diestel ein. »Zögerer und Zauderer.« Der ehemalige DDR-Innenminister und jetzige Oppositionsführer im Brandenburger Landtag schätzt Stolpe als Identifikationsfigur. »Er genießt Vertrauen und strahlt Zuversicht aus. Das ist wichtig für das Land, das gebeutelt genug ist.« Allerdings möchte Diestel einen geläuterten Landesvater Stolpe. »Er muß offenlegen, daß es nicht der Teufel war, mit dem er da konspiriert hat.« Vor Diestels Tür patrouillieren junge Männer, die ihre durchtrainierten Körper unter altrosafarbenen Anzügen verbergen. Sie tragen militärisch kurze Haare und Walkie-talkies. Diestel wählte seinen Wachdienst schon immer sorgfältig aus, und er weiß, warum er sich so für den »kleinen« Stasimann begeistert.

Er hat noch ein anderes Motiv, sich an den Ministerpräsidenten zu klammern. Es ist das Ossi-Wessi-Verschwörungsmotiv. »Wir können nicht zusehen, daß die uns hier einen Westler reinsetzen. Den Momper oder den Vogel oder wer sonst gerade kein richtiges Amt hat.«

Auch darum verblaßt das Gottvertrauen in den aktuellen Brandenburger Landesvater nicht. Stolpe gilt als Ostler. In den Fluren des Landtages und der Staatskanzlei wispert es von der Invasion aus dem Westen. Stolpe sei die letzte ostdeutsche Bastion auf dem MP-Sessel. Gomolka in Schwerin ist zwar auch noch da, aber der gilt nicht. Dabei ist Stolpe wohl kaum das, was sie sich unter einem Ossi vorstellen. Er hat im Osten gelebt, mehr nicht.

Manfred Stolpe beherrscht das Parkett, als sei er dort zur Welt gekommen. Er weiß, wann und wem er auf die

Schulter klopfen kann. Er weiß, wann er sein Lächeln zu beenden hat. Wenn er redet, tritt er ganz dicht an seine Gesprächspartner heran. Nicht so dicht, daß es aufdringlich erscheint, aber dicht genug, um das eigenartige konspirative Moment zu erzeugen, das Vertrauen erweckt. Seine Gestik ist die eines Weltmannes. Er spreizt die Beine, leicht, so daß es wirkt, als habe er einen festen Stand. Er faltet die Hände überm Bauch und zieht nur ab und an eine aus der Umarmung, um einer Formulierung Nachdruck zu verleihen. Sein Teddybär-Lächeln provoziert Journalisten reihenweise zu belanglosen Fragen.

Wenn dann doch einmal eine aggressive dazwischenrutscht, legt Stolpe den Kopf schief, stützt ihn mit der Linken, wobei der kleine Finger nachdenklich im Mundwinkel spielt. So bereitet er Anworten vor, die keine sind, aber so wirken. Zum Beispiel die auf die Frage, ob er Oppositionelle tatsächlich als Terroristen bezeichnet habe, wie der »Spiegel« vermeldete. »In keinem der bisher aufgeführten Vermerke habe ich mich wirklich wiedergefunden.« Jedem anderen hätte man das als Schuldgeständnis berechnet. Stolpe nicht. Es gibt Menschen, die über ziemlich viel Zweifel erhaben sind. Stolpe ist auf dem besten Wege, der Weizsäcker des Ostens zu werden.

»Manfred Stolpe macht vor allem seine Arbeit als Ministerpräsident weiter«, erklärt Frank Gorges, Chef vom Dienst in der Brandenburger Staatskanzlei. Der Unterschied sei, daß er durch die jüngsten Verdächtigungen nunmehr einen 16- statt 14stündigen Arbeitstag durchzustehen habe. Stolpe ist ein Arbeitstier, aber die letzten Wochen gingen wohl tatsächlich an die Substanz. Nach dem Gespräch mit Helmut Schmidt wirkte er müde, aber sonst läßt er sich nichts anmerken. Natürlich gerät seine Erklärung dafür, wie er das schafft, zur Verbeugung vor anderen. »Man muß organisieren können«, meint Stolpe, »vor allem aber gute Mitarbeiterinnen und Mitarbeiter haben.« Stolpe lobt sich nur über Dritte.

Tatsächlich schafft es der Mann, in diesen Zeiten eine Buchpremiere wie eine Buchpremiere wirken zu lassen.

Für Manfred Stolpe scheint die Zeit stehengeblieben zu sein. »Alleen in Brandenburg« heißt das Bilderbuch, das am Donnerstag vom Ministerpräsidenten persönlich empfohlen wurde. Die Journalisten wollten nur das eine, doch als Stolpe dann in Cecilienhof auftauchte, hatten sie es vergessen. Niemand stellte eine unbotmäßige Frage.

Man ließ Stolpe von Alleen reden. Man stellte wiederum fest, daß der Ministerpräsident zu jedem Gegenstand eine mittellange Rede aus dem Ärmel schütteln kann. »Alleen«, sagte Stolpe, »sind ein Ausdruck von Identität der Brandenburger mit ihrem Land. Es braucht Signale, es braucht Bekenntnisse zu solchen Bäumen.« Bassig sagte er es, breitbeinig, mit schief gelegtem Kopf, und niemand verschwendete einen Gedanken daran, was er eigentlich damit meint.

Dann schäkerte Stolpe noch ein wenig mit einer blonden Fotografin. »Bei ihnen kann ich doch gar nicht anders als lächeln.« Als er zum Abgang ansetzte, fiel den Journalisten endlich wieder ein, warum sie da waren. Stolpe flüchtete in seinen Dienstmercedes. Die Tür fiel ins Schloß. Doch er öffnete sie noch einmal. »Es tut mir wirklich leid«, sagte der Ministerpräsident. »Aber ich verpasse sonst den nächsten Termin. Es tut mir leid.« Stolpe kann nicht böse sein. Konnte er nie. Sein Nein hat eine Tendenz zum Jein. Das könnte ihm zum Verhängnis werden.

Oder es macht ihn zum Bundespräsidenten.

Februar 1992

Christoph Dieckmann

My Generation
Cocker, Dylan, Lindenberg und die verlorene Zeit

Ch. Links

272 Seiten, 26 Fotos
ISBN 3-86153-014-7
22,00 DM

Christoph Dieckmann ist mit »My Generation«, einer Bündelung von 50 Betrachtungen, Rezensionen und Essays, das »Buch zum Land« DDR gelungen.

Andre Meier, »die tageszeitung«

Dieckmanns Fan-Gemeinde liest nicht nur all seine Werke, sondern kann daraus gegebenenfalls auch zitieren. Wo gibt's das schon im Journalismus!

Birgit Walter, »Berliner Zeitung«

Diese Texte seien allen Lesern der Altbundesländer ans Herz gelegt. Es ist ein lebendiges Buch, das eine Persönlichkeit freigibt – in all ihrer verstockten Sehnsucht nach Offenheit.

Lutz Rathenow, »Die Welt«

In den Artikeln des Christoph Dieckmann ist die Sprache des Aufgeschlossenen, Aufgeweckten, der sich nicht abriegeln ließ. Eine Generation meldet sich zu Wort, die ihre Ansprüche geltend macht.

Bernd Heimberger, »Frankfurter Rundschau«

Wo Dieckmann, anstatt die übliche Hagiographien der Pop-Idole nachzubeten, über Rockkultur in der DDR schreibt, dokumentiert er Zeitgeschichte.

Michael Kothes, »Der Literat«

Christoph Dieckmann

Oh! Great! Wonderful!
Anfänger in Amerika

Ch.Links

134 Seiten,
20 Farb- und 40 Schwarzweißfotos, 1 Karte
ISBN 3-86153-032-5, 29,80 DM

Nach dem Debüt »My Generation«, das von den Kritikern als das Buch zum Land DDR gefeiert wurde, könnte Christoph Dieckmanns zweites Werk das Buch zum Land USA werden.

Björn Wirth, »Berliner Zeitung«

Als gelungene Verschmelzung von empfindsamen Reisebericht, psychologischer Ethnographie und kritischer Reportage ist »Oh! Great! Wonderful!« ein brilliant formulierter und vergnüglich zu lesender Beitrag zur Amerikanistik der Gegenwart.

Ulrich Klenner, Bayerischer Rundfunk

Die unantastbaren Überzeugungen vieler Amerikaner unterhalb der äußeren Oberflächlichkeit reflektiert Dieckmann spannend und eigenwillig. Er schraffiert Themen und Orte so, daß ihm letztlich immer wieder ein Satz genügt, der so ganz nach dem Geschmack von Neil Young wäre: »Es steckt mehr in dem Bild, als deine Augen sehen.«

Ralph Stolle, »Junge Welt«

Dieckmann ist nicht der Versuchung erlegen, die ihm auf silbernen Tabletts kredenzten Versatzstücke zu einem Puzzle namens Amerika zu fügen. Er verfügt über Distanz, er zieht Parallelen.
Sein Buch ist eine ideale Balancierstange für alle Amerika-Entdecker.

Rainer Bratfisch, »Die Weltbühne«